# 1. Hilfe für Second Life

**Life Ra**

# 1. Hilfe für Second Life®

Erfolgreich im Web 3D

Ein Handbuch für die virtuelle Welt

**Bibliografische Information der Deutschen Nationalbibliothek**
**Die Deutsche Nationalbibliothek verzeichnet diese Publikation in der Deutschen Nationalbibliografie; detaillierte bibliografische Daten sind im Internet über http://dnb.d-nb.de abrufbar.**


Herstellung und Verlag: Books on Demand GmbH, Norderstedt.
Lektorat: Rockstroh & Sanz


ISBN: 978-3-8370-6046-1

# INHALT

## Vorwort

Seit der Geburtsstunde im Jahr 2003 durch die Firma Linden Lab®, hat Second Life® (kurz SL) bereits eine ereignisreiche Zeit hinter sich. Anfangs als Spielwiese belächelt, wurde es schnell als Internet-Revolution gehandelt, um anschließend wieder verrissen zu werden. Seinen bisherigen Höhepunkt erlebte Second Life im Jahre 2007. Durch mal mehr, mal weniger seriöse Berichterstattung erlebte es einen wahren Hype, der darin gipfelte, dass jeder in Deutschland glaubte, einen Second Life-Zugang besitzen zu müssen. Angestachelt durch Erfolgsmeldungen über die ersten Second Life-Millionäre brach Goldgräberstimmung aus und die Nutzerzahlen explodierten. Etliche Firmen entdeckten Second Life für sich und schürten den Verdacht, dass hier in kürzester Zeit das große Geld zu verdienen sei. Wie bei einem Thema dieser Popularität üblich, ließen die ersten Kritiker nicht lange auf sich warten. Auf einmal drehte sich alles nur noch um Glücksspiel und Pornografie. Schreckensmeldungen von Pädophilen in Second Life machten die Runde und einige fragten sich bereits, ob sich die Plattform nicht auch von Terroristen nutzen ließe. Nun, der erste Hype ist verebbt und auch die Negativ-Presse kommt langsam zur Ruhe, lediglich der Rückzug einiger Firmen aus SL ist noch eine Meldung wert. Zeit, in der Betrachtung noch einmal von vorne anzufangen und zu klären, was Second Life überhaupt ist, beziehungsweise was nicht.

Eine überraschende Erkenntnis für viele, die sich mit der Materie noch nicht beschäftigt haben dürfte sein: Second Life ist kein Spiel. Es ist zwar in der Struktur ähnlich einem MMO(RP)G, einem von vielen Mitspielern online gespielten (Rollen-) Spiel, in den Möglichkeiten diesem aber weit überlegen. Die wohl wichtigsten Unterschiede sind, dass es kein für Spiele typisches Ziel, Anleitungen oder Aufgaben gibt und die Umgebung, in der man sich bewegt, erst begonnen hat zu existieren, nachdem ein Nutzer sie selbst erschaffen hat. Die Betreiberfirma stellt lediglich als

Plattform eine leere Welt zur Verfügung. Alle Inhalte wurden und werden von den Bewohnern selbst generiert.
In der Terminologie liegt dann auch schon die Erklärung: Second Life ist ein MUVE, eine virtuelle „Mehr-Benutzer-Umgebung" oder etwas treffender: eine virtuelle Welt.

Sicherlich kann man in seinem zweiten Leben, verkörpert durch seine Avatar genannte Figur, auch spielen. Man kann dort auch singen, aber würde jemand aufgrund dieser Tatsache behaupten Second Life wäre ein Chor?
Die Möglichkeiten in SL sind ähnlich vielfältig wie im Web. Analog zu einer Webseite lässt sich auf einem Grundstück eine virtuelle Präsenz erstellen oder ein Shop einrichten, wobei der Handel sich nicht auf virtuelle Güter beschränken muss. In Gruppen lassen sich Nachrichten austauschen, es gibt die Möglichkeit des Chats und der IM genannten, persönlichen Nachrichten. Eigene Bilder und Videos können integriert werden und Dienstleistungen, sowohl für das Real Life (RL), als auch für das SL feilgeboten werden. Der Zahlungsverkehr findet dabei über die plattformeigene Währung, dem Linden Dollar, statt, der jederzeit in RL-Währungen gewechselt werden kann.

Es handelt sich also um eine Web 3D-Anwendung, die wie Web 2.0 Projekte nahezu ausschließlich aus von Nutzern generierten Inhalten besteht. Die Integration von Web-Inhalten, oft als „HTML on a prim" bezeichnet, wurde bereits umgesetzt (RC 1.19.1). Die Öffnung der Server, auf denen die Welt installiert ist, steht bevor. Ist dies vollzogen, stehen die Chancen gut, dass SL in wenigen Jahren das klassische Web nicht nur ergänzt, sondern, als nächste Stufe der technischen Entwicklung, ersetzen wird.
Laut einer Studie des Marktanalysten Gartner vom April 2007 werden 80 Prozent aller Internetnutzer im Jahr 2011 eine virtuelle Welt nutzen. Ob dies Second Life sein wird oder eine virtuelle Welt aus dem Hause Microsoft oder Google ist irrelevant, da die Welten untereinander langfristig vernetzt sein werden.

Nachdem sich die Gemüter beruhigt haben, ist daher jetzt die beste Zeit, sich der Herausforderung Second Life zu stellen, einen Wissensvorsprung auszuarbeiten oder einfach nur die faszinierende Welt zu entdecken ...

Dieses Buch wird Ihnen einen ersten Einblick in die Möglichkeiten und Funktionen der virtuellen Welt geben und auf kompakte Art und Weise alle häufig gestellten Fragen beantworten. Aber noch wichtiger, es wird Ihnen das Rüstzeug für alle zukünftigen Fragen und Entwicklungen geben. Kein Buch wird, in der sich schnell ändernden virtuellen Welt, jemals alle Themenbereiche abschließend behandeln können. Aber ich zeige Ihnen, wo Sie weiterführende Hilfe finden, welche Communities interessant sind und wie Sie mit aktuellen SL-News versorgt werden können. Wenn Sie SL kommerziell nutzen wollen, erfahren Sie, wie Sie zu eigenem Land kommen, ein Geschäft eröffnen können und was es in der virtuellen Welt zu beachten gilt, um erfolgreich zu sein.

Einige hier erwähnte Links, die mir aufgrund ihrer Zeichenanzahl zu lang erschienen, habe ich über die Webseite TinyURL in eine kürzere Adresse umgewandelt. Das Ergebnis ist das Gleiche, allerdings sparen Sie sich viel Arbeit beim Abtippen von Webadressen (http://tinyurl.com).
Da die Zugangssoftware häufiger aktualisiert wird, können einige Funktionen anders aussehen, als im Buch abgebildet. An der Funktionsweise ändert sich hierdurch aber für gewöhnlich nichts.

Auch wenn es Ihnen ungewöhnlich erscheinen mag, beginne ich nachfolgend mit einem Glossar zu Second Life. Es gibt zwar nicht viele, aber doch sehr spezifische Begriffe zu SL, welche ich auch in diesem Buch verwende und Sie sollten diese vor der Lektüre kennen. Bleibt mir noch Ihnen viel Spaß beim Lesen dieses Ratgebers und ein erfolgreiches zweites Leben zu wünschen!

*Ihr Life Ra*

*Paris in Second Life, auf der SIM* ***New Paris***

## *Glossar*

**AFK** bedeutet "Away from keyboard" und meint, dass die Person, die sich hinter einem Avatar verbirgt, gerade nicht am Computer sitzt. Nach einer gewissen Zeit der Inaktivität verfällt der Avatar durch Voreinstellung von selbst in diesen Zustand, erkennbar durch den Schriftzug „Away“ über dem hängenden Kopf.

**Attachment** ist ein Anhängsel für den Avatar, z.B. Schmuck, der an einer definierten Stelle des Körpers getragen wird. Es gibt auch HUD-Attachments die nur am eigenen Monitor sichtbar sind und die verschiedensten Funktionen bieten können. Des Weiteren werden Anlagen in einer Gruppen-Nachricht als solches bezeichnet.

**Avatar** werden die Gestalten in SL genannt, die den Bewohner repräsentieren. Ein Avatar muss nicht menschlich sein. Er definiert sich durch eine Körperform (Shape) und eine Körperoberfläche (Skin) nebst Augen und Haaren.

**Busy** ist eine Einstellmöglichkeit, um anderen zu signalisieren, dass man beschäftigt ist und auch nicht gestört werden möchte.

**Camping** wird die Möglichkeit genannt, durch das Besetzen von Objekten, i.d.R. mit einhergehender Animation, Linden Dollar zu verdienen. Populär sind MoneyChairs (Stühle mit Sitzanimation) und Dancepads (kleine Tanzflächen mit entsprechender Animation). Bezahlt wird für gewöhnlich nach Zeitintervallen.

**Client** wird in der Regel die Second Life Software (Viewer) genannt, die zur Verbindung mit den SL-Servern z.Z. noch notwendig ist. Sie ist nur wenige MByte groß.

**DJs** gibt es auch in SL. Wenn Sie einen engagieren, achten Sie darauf, dass dieser eine GEMA- und GVL-Lizenz besitzt.

**Freebies** sind Produkte in SL, die kostenlos oder für einen symbolischen Linden Dollar erhältlich sind. Es ist nicht gestattet diese unverändert weiter zu verkaufen.

**Furries** sind Tieravatare, die eine lange Tradition in SL besitzen.

**Grid** nennt man die Gemeinschaft aller Server, auf denen sich die Welt befindet. Ist der Grid down, werden für gewöhnlich Wartungsarbeiten durchgeführt und ein Login ist nicht möglich.

**Griefer** werden Störenfriede genannt, die entweder den Grid oder auch Personen beeinträchtigen.

**Havok** bezeichnet ein Computerprogramm für Simulationen.

**HUD** Abkürzung für „Head Up Display", stellt die verschiedensten Funktionen zur Verfügung.

**IM** (Instant Message) bezeichnet eine persönliche Nachricht.

**Inventar** bezeichnet den persönlichen Fundus, der erst geladen wird, wenn man sich in SL einloggt. Er beinhaltet alle Objekte, Landmarks, Notecards, Bilder etc., die man online nutzen kann.

**Lag** nennt man die stockende Darstellung, verursacht durch eine zu hohe Auslastung der Ressourcen in SL oder auf dem eigenen Computer.

**Landmarks** (LMs) nennt man die Bookmarks/Lesezeichen in SL, die man setzt, um einen Ort später via Teleport wieder zu finden.

**Linden Dollar** (L$) nennt man die SL-Währung, die sich über den hauseigenen Wechselservice LindeX oder andere Wechselstuben, z.B. in Euro, tauschen lässt. 400 L$ sind etwa 1 Euro.

**Linden Script Language** (LSL) nennt man die in SL verwendete Script-Sprache, die den Objekten vielfältige Funktionen zuweisen kann.

**Mainland** nennt man das unter der Verwaltung Lindens stehende Land der Kontinente, im Gegensatz zu den privaten Islands.

**Mature** beschreibt SIMs oder Events, die nicht jugendfrei sind.

**Money Trees** sind Geldbäume von denen Bewohner zu unterschiedlichen Bedingungen Geld oder Geld wertes Obst pflücken können. Meist reicht ein Höchstalter des Avatars von 30 Tagen.

**Newbies** nennt man Neuankömmlinge in Second Life.

**PG** (Parental Guidance) ist das Gegenteil von Mature.

**Poseballs** bezeichnet Objekte, die eine Animation auslösen, wenn man sich auf sie setzt (z.B. Tanzanimation).

**Prims** sind die einfachsten Grundformen (z.B. Würfel, Kugel), aus denen quasi die gesamte Welt aufgebaut ist. Sie haben eine Maximalgröße von 10x10x10 Metern und lassen sich nahezu beliebig bearbeiten, indem man sie verformt, mit Farben oder Texturen versieht, verbindet oder ihnen Eigenschaften zuweist.

**Profil** nennt man die allen zugängliche „Visitenkarte“ eines Avatars, mit der man sich anderen Bewohnern präsentieren kann.

**PST** bedeutet Pacific Standard Time. Dies ist die aktuelle Uhrzeit in Kalifornien, dem Standort der SL-Server und damit auch die Second Life Time (SLT). Sie liegt im Vergleich zu unserer Zeit (MEZ) neun Stunden zurück. 10:00am PST = 19:00 Uhr MEZ.

**Residents** werden die Bewohner in SL genannt.

**Rezzen** bedeutet ein vorhandenes Objekt zu erzeugen, in dem man es z.B. aus dem Inventar in die Welt zieht.

**RezzDay** ist der Geburtstag des Avatars.

**Sandbox** bezeichnet eine Region, in der jeder Baurechte besitzt, um eigene Objekte zu kreieren oder vorhandene zu rezzen.

**SIM** bezeichnet eine Region in SL mit der Größe von 65.536 qm, die einen eigenen Namen besitzt.

**SLeXchange** (SLX) ist ein populärer Marktplatz für SL-Produkte. Kauft man dort einen Artikel, wird er automatisch in SL an den Avatar ausgeliefert.

**SLurl** bietet die Möglichkeit Koordinaten aus SL in einem Weblink darzustellen.

**Tip** nennt man das Trinkgeld, welches man z.B. einem DJ via einen Tipjar zahlt.

**Toolbar** ist eine Werkzeugleiste für den Webbrowser.

**Teleport** (Tp) nennt man das sofortige Aufsuchen eines Ortes über einen Teleport-Link. Wenn man teleportiert, „materialisiert“ man augenblicklich am Zielort.

**Vendor** heißen Verkaufsautomaten, meist mit Schaufenster.

## *Toolbar für Second Life*

Als Toolbar bezeichnet man für gewöhnlich eine Werkzeugleiste für den Webbrowser (Internet Explorer oder Firefox).
Sie bereichert seine Funktionen um vielfältige Tools und Links.
Als ich im Jahr 2006 damit begann, die virtuelle Welt von Second Life zu erkunden, gab es noch nicht viele Webseiten zu diesem Thema. Und diese waren auch noch schwierig zu finden.
Die Idee war geboren eine Toolbar speziell für SL zu erstellen.
Heute gilt eine andere Aufgabenstellung. Webseiten und Services, die sich mit SL beschäftigen, existieren wie Sand am Meer. Die wirklich wichtigen und relevanten Seiten herauszufiltern ist nun die große Herausforderung.

Die Werkzeugleiste integriert sich als zusätzliche Symbolleiste in den Browser und bietet die wichtigsten Newsfeeds und Links zu den Themen Second Life, Bauen und Scripten in SL, führende Foren und Portalen, Second Life Agenturen und Anleitungen auf einen Blick. Über ein Suchfeld lassen sich mit nur einem Klick Anfragen an Google oder spezielle SL-Suchmaschinen schicken. Des Weiteren lassen sich über ein kleines Formular Kurznachrichten aus dem Web kostenlos und anonym direkt an einen Avatar in Second Life senden. InWorld-Links mit direkter Teleport-Funktion zu den hilfreichsten, schönsten und populärsten Orten in SL runden die Funktionen ab. Gerne genutzt wird auch der Radio-Button. Hier sind einige Second Life Radiosender bereits voreingestellt. Er lässt sich problemlos an die eigenen Bedürfnisse anpassen und spielt auch eigene Webradio-Streams und Podcasts ab.

Ich biete die Toolbar kostenlos und ohne Registrierung zum Download auf der Webseite **http://tinyurl.com/4t8384** an.
Natürlich wurde sie auf Virenfreiheit geprüft und enthält keine Spyware. Über 8000 User haben die Toolbar bereits installiert.

Für die Lektüre dieses Buchs ist kein Download notwendig.

Ich bitte jedoch zu berücksichtigen, dass bei den hier genannten Teleports schon mal ein „Toter Link“ auftauchen kann. In dem sich rasant entwickelnden Second Life ändern sich Adressen schneller als im WWW. Wenn Sie dieses umgehen wollen, empfehle ich Ihnen allerdings die Toolbar zu installieren. Sie wird regelmäßig gepflegt und liefert Ihnen stets aktuelle Inhalte.

Ein in diesem Buch erwähnter Weblink oder Teleportlink, der auch in der Toolbar enthalten ist, wurde mit einer höhergestellten[1] gekennzeichnet.

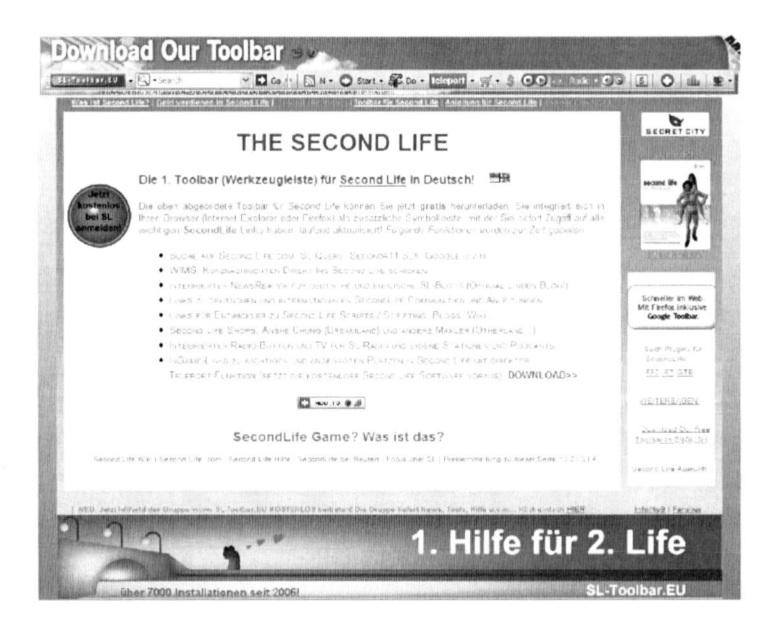


*Werkzeugleiste für Second Life:* ***http://tinyurl.com/4t8384***

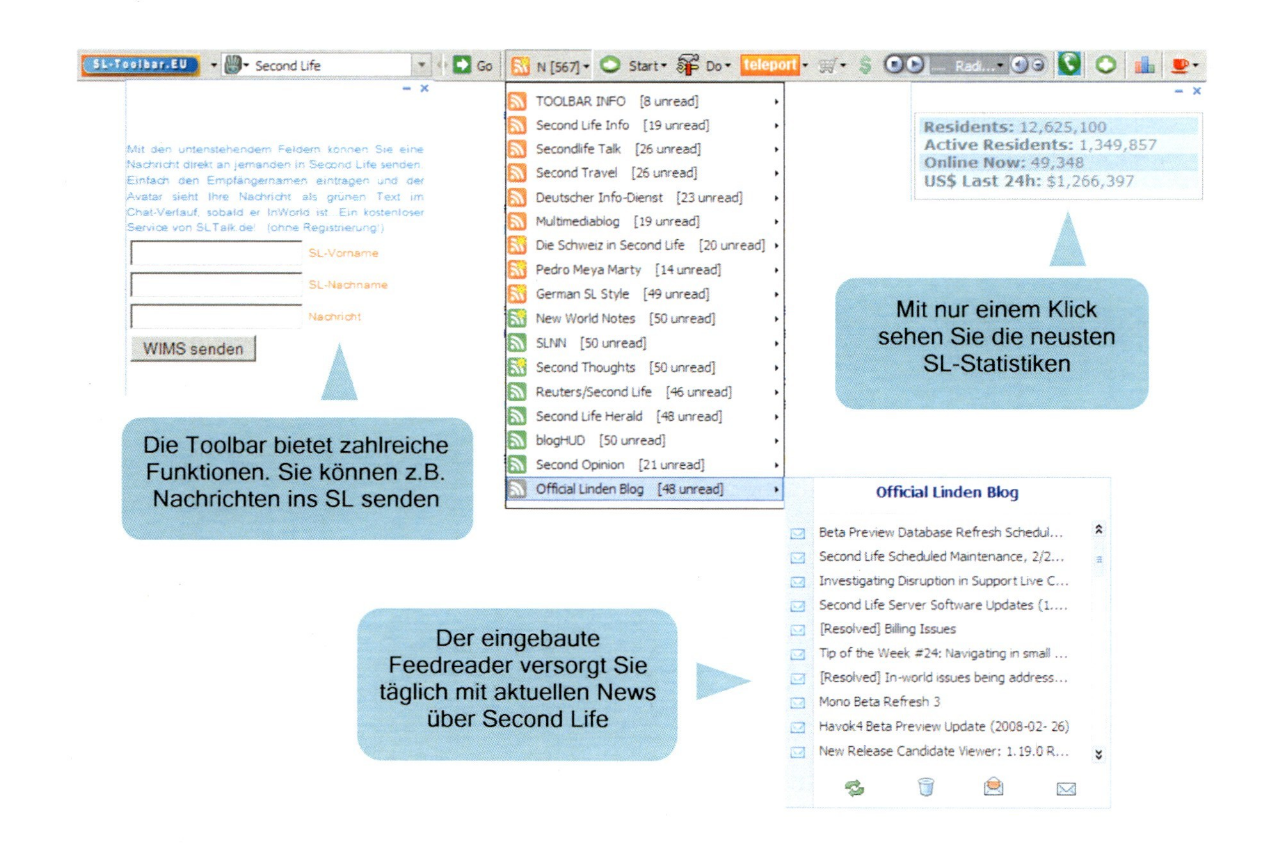
SL-Toolbar.EU
Second Life
Go
N [567]
Start
Do
teleport
Radi...
Mit den untenstehendem Feldern können Sie eine Nachricht direkt an jemanden in Second Life senden. Einfach den Empfängernamen eintragen und der Avatar sieht Ihre Nachricht als grünen Text im Chat-Verlauf, sobald er InWorld ist. Ein kostenloser Service von SLTalk.de! (ohne Registrierung!)
SL-Vorname
SL-Nachname
Nachricht
WIMS senden
TOOLBAR INFO [8 unread]
Second Life Info [19 unread]
Secondlife Talk [26 unread]
Second Travel [26 unread]
Deutscher Info-Dienst [23 unread]
Multimediablog [19 unread]
Die Schweiz in Second Life [20 unread]
Pedro Meya Marty [14 unread]
German SL Style [49 unread]
New World Notes [50 unread]
SLNN [50 unread]
Second Thoughts [50 unread]
Reuters/Second Life [46 unread]
Second Life Herald [48 unread]
blogHUD [50 unread]
Second Opinion [21 unread]
Official Linden Blog [48 unread]
Residents: 12,625,100
Active Residents: 1,349,857
Online Now: 49,348
US$ Last 24h: $1,266,397
Mit nur einem Klick sehen Sie die neusten SL-Statistiken
Die Toolbar bietet zahlreiche Funktionen. Sie können z.B. Nachrichten ins SL senden
Official Linden Blog
Beta Preview Database Refresh Schedul...
Second Life Scheduled Maintenance, 2/2...
Investigating Disruption in Support Live C...
Second Life Server Software Updates (1....
[Resolved] Billing Issues
Tip of the Week #24: Navigating in small ...
[Resolved] In-world issues being address...
Mono Beta Refresh 3
Havok4 Beta Preview Update (2008-02- 26)
New Release Candidate Viewer: 1.19.0 R...
Der eingebaute Feedreader versorgt Sie täglich mit aktuellen News über Second Life

## *Start: Registrierung bei Second Life*

Bevor Sie sich anmelden, sollten Sie prüfen, ob Ihr Computer die Systemvoraussetzungen erfüllt. Dies geschieht über die Seite:
**http://secondlife.com/corporate/sysreqs.php**[1]

Grundvoraussetzung ist in jedem Fall ein DSL-Internetzugang (wobei bereits DSL-Light mit 768 kbit/sec. ausreicht). DSL via Satellit und einige Wireless-Verbindungen funktionieren nicht. Entspricht Ihr System den Anforderungen, können Sie über folgende Webseite einen kostenlosen Basic-Account registrieren:
**http://secondlife.com/join/de/index.php/Choose-Name**[1]

Wählen Sie den Vornamen mit Bedacht, er kann nicht mehr geändert werden. Bedenken Sie auch, dass zwischen Groß- und Kleinschreibung unterschieden wird. Den Nachnamen muss man aus der aktuellen Liste wählen. Wurde Ihr Account eingerichtet, laden Sie die Installations-Software entsprechend Ihres Betriebssystems herunter. Starten Sie die Installation und wählen Sie die bevorzugte Sprache aus. Der Einfachheit halber beziehen wir uns in diesem Buch auf die deutsche Sprachsteuerung, auch wenn die Übersetzungen aus der englischen Software nicht immer optimal sind. Bestätigen Sie alle notwendigen Eingaben während des Prozesses. Wenn Sie nach Abschluss den SL-Clienten starten, sollten Sie den Anmeldebildschirm sehen.
An die während der Registrierung angegebene E-Mail-Adresse wurde währenddessen eine Begrüßungsmail geschickt. Dort finden Sie weitere Informationen und Hinweise zu einem Premium-Account. Um Ihren Zugang zu verwalten oder auf das Premium-Paket zu upgraden, müssen Sie sich auf der Second Life Webseite mit Ihren Anmeldedaten einloggen:
**http://secondlife.com/account**[1]

Diese Seite ist z.Z. teilweise in Englisch gehalten.

## System Requirements

Your computer *must* meet these **REQUIREMENTS**, or you may *not* be able to successfully participate in Second Life.

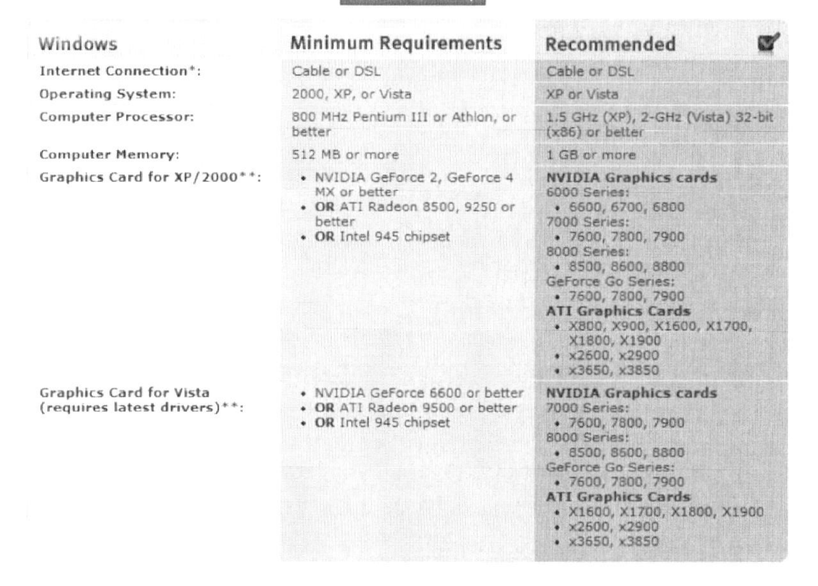

| Windows | Minimum Requirements | Recommended |
|---|---|---|
| **Internet Connection*:** | Cable or DSL | Cable or DSL |
| **Operating System:** | 2000, XP, or Vista | XP or Vista |
| **Computer Processor:** | 800 MHz Pentium III or Athlon, or better | 1.5 GHz (XP), 2-GHz (Vista) 32-bit (x86) or better |
| **Computer Memory:** | 512 MB or more | 1 GB or more |
| **Graphics Card for XP/2000**:** | • NVIDIA GeForce 2, GeForce 4 MX or better<br>• **OR** ATI Radeon 8500, 9250 or better<br>• **OR** Intel 945 chipset | **NVIDIA Graphics cards**<br>6000 Series:<br>• 6600, 6700, 6800<br>7000 Series:<br>• 7600, 7800, 7900<br>8000 Series:<br>• 8500, 8600, 8800<br>GeForce Go Series:<br>• 7600, 7800, 7900<br>**ATI Graphics Cards**<br>• X800, X900, X1600, X1700, X1800, X1900<br>• x2600, x2900<br>• x3650, x3850 |
| **Graphics Card for Vista (requires latest drivers)**:** | • NVIDIA GeForce 6600 or better<br>• **OR** ATI Radeon 9500 or better<br>• **OR** Intel 945 chipset | **NVIDIA Graphics cards**<br>7000 Series:<br>• 7600, 7800, 7900<br>8000 Series:<br>• 8500, 8600, 8800<br>GeForce Go Series:<br>• 7600, 7800, 7900<br>**ATI Graphics Cards**<br>• X1600, X1700, X1800, X1900<br>• x2600, x2900<br>• x3650, x3850 |

Was ist Second Life? Anschauungsprojekte (EN) Gemeinschaft (EN) Blog (EN) Kontakt Preise

**Second Life-Account erstellen**

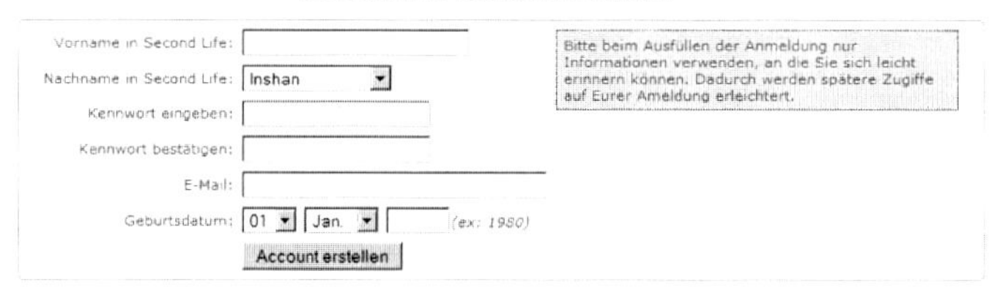

Vorname in Second Life:
Nachname in Second Life: Inshan
Kennwort eingeben:
Kennwort bestätigen:
E-Mail:
Geburtsdatum: 01 Jan. (ex: 1980)
Account erstellen

Bitte beim Ausfüllen der Anmeldung nur Informationen verwenden, an die Sie sich leicht erinnern können. Dadurch werden spätere Zugiffe auf Eurer Ameldung erleichtert.

Downloads(EN) | Systemanforderungen(EN) | Datenschutzbestimmungen(EN) | Community-Standards(EN) | Nutzungsbedingungen(EN) | Kontakt | DMCA(EN)

English 한국어 日本語 Deutsch

©2008 Linden Research, Inc.

*Systemvoraussetzungen und Account-Registrierung*

## Premium oder Basic?

Ob Sie die Welt erst einmal im Basic-Account erkunden wollen oder gleich einen Premium-Account nehmen sollten, hängt von Ihren Ansprüchen ab. Prinzipiell können Sie mit einem Basic alles tun, was auch im Premium möglich ist. Wollen Sie allerdings gleich eigenes Land kaufen (bis 512 m² ohne Zusatzkosten bei Mainland) oder legen Sie Wert auf Support, kommen Sie nicht um einen Premium-Account herum. Als Bonus gibt es wöchentlich 300 Linden Dollar (Stipend). Die Kosten hierfür belaufen sich auf 9,95 US$ monatlich bei monatlicher Zahlungsweise, 7,50 US$ monatlich bei quartalsweiser Zahlung bis hinunter auf 6,00 US$ monatlich bei jährlicher Zahlungsweise. Die Preise verstehen sich für alle Mitglieder aus EU-Staaten zzgl. der jeweils gültigen Umsatzsteuer. Für Deutschland also +19%, für Österreich +20% und für Luxemburg +15%. Die aktuelle Preisliste finden Sie hier:
**http://tinyurl.com/22bjyo** (PDF).

Bevor Sie zu einem Premium-Account wechseln können, müssen Sie zunächst Ihre Zahlungsinformationen hinterlegen. Klicken Sie hierzu nach dem Login auf der Webseite auf „Zahlungsart aktualisieren“. Sie haben die Möglichkeit zwischen Kreditkarte oder PayPal zu wählen. Haben Sie Ihre Angaben vervollständigt, können Sie mit einem Klick auf „Werden Sie Premium-Mitglied“ das Zahlungsintervall für Ihr Premium-Paket wählen.

Der Vollständigkeit halber möchte ich erwähnen, dass Sie mindestens 18 Jahre sein müssen, um sich bei Second Life anmelden zu dürfen. Für Jugendliche unter 18 Jahren gibt es eigens ein „Teen Second Life“, das unter folgender Adresse zu erreichen ist:
**http://teen.secondlife.com**

Die Anmeldung läuft über die gleiche Webseite, der Zugang ist jedoch auf einen speziellen Grid beschränkt.

*Ankunft auf Orientation Island*

## Hallo Welt

Um die Welt zu betreten, geben Sie in der Anmeldemaske des SL-Clienten Ihren SL-Vor- und Nachnamen und Ihr Passwort ein. Mit einem Klick auf „Verbinden“ konnektieren Sie den SL-Server und Ihr Avatar wird in Second Life geboren, wenn Sie die Nutzungsbedingungen akzeptiert haben.
Herzlichen Glückwunsch zu Ihrem RezzDay!

*Sollten Probleme bei der Verbindung auftauchen, liegt dies möglicherweise an den Sicherheitseinstellungen einer Firewall.*
*SL verwendet die TCP Ports 443, 12043 und die UDP Ports 12035, 12036 und 13000-13050. Diese müssen geöffnet sein.*

Entscheiden Sie sich zunächst, ob Ihr Avatar männlich oder weiblich sein soll, Sie können dies später wieder ändern.
Wenn Sie sich, wie beschrieben, direkt über die SL-Webseite angemeldet haben, befinden Sie sich jetzt auf *Orientation Island.*
Auf dem Monitor befindet sich nun ein Willkommensdialog, für den Sie eine Sprachauswahl treffen müssen (Deu = Deutsch). Die Insel ist Ausgangspunkt für vier Tutorials, die Sie alle absolvieren müssen, um die nächste Station auf Help Island oder einen Ort Ihrer Wahl betreten zu können. Nehmen Sie sich Zeit hierfür und machen Sie sich mit der Handhabung der Software vertraut. Viele Fragen, die später auftreten, lassen sich vermeiden, wenn Sie gewissenhaft den Parcours durchlaufen. Ein paar Notizen können auch nicht schaden.

Die Tutorials bestehen aus den Bereichen **Move** (Bewegung), **Appearance** (Erscheinungsbild), **Communicate** (Kommunikation) und **Search** (Suchen).
Teil 1 besteht darin die Fortbewegung in SL kennen zu lernen. Benutzen Sie die Pfeiltasten der Tastatur, um in den roten Kreis vor dem Schild *Move* zu laufen. Den ersten Pflichtteil haben Sie damit bereits erledigt. Für die Kür gehen Sie über die Brücke und

machen Sie sich mit weiteren Möglichkeiten der Bewegung vertraut. Auf diese Weise arbeiten Sie alle vier Stationen ab. Sammeln Sie nicht nur die Pflichtpunkte, sondern schöpfen Sie alle Möglichkeiten aus!

Sollten Sie jetzt schon Performance-Probleme feststellen, indem sich die Darstellung nur sehr langsam aufbaut oder die Bewegungen stark ruckeln und verzögert durchgeführt werden, dann probieren Sie Ihre Einstellungen anzupassen.
Klicken Sie hierfür in der oberen Menüleiste des Clienten auf *Bearbeiten > Einstellungen* oder verwenden Sie die Tastenkombination **Ctrl+P** (möglicherweise ist die Taste Ctrl auf Ihrer Tastatur mit Strg beschriftet). In dem sich öffnenden Fenster passen Sie folgende Einstellungen an:

Im Register Grafik setzen Sie einen Haken bei *Benutzerdefiniert*, wenn die Voreinstellung des Reglers nicht ausreicht und öffnen damit die erweiterten Einstellungen. Ändern Sie die Sichtweite (*Draw Distance*) auf 96 m oder weniger. Dies ist ein Punkt, der sich besonders stark auf die Leistung auswirkt.
Entfernen Sie beide Häkchen bei Shader, bei den Beleuchtungsdetails wählen Sie „Nur Sonne und Mond" (*sun and moon only*), die Terrain-Details können Sie i.d.R. auf „Hoch" belassen. Bei den Gitterdetails (*Mesh Detail*) ziehen Sie alle Regler nach links, auf etwa ¼ des Balkens.

Klicken Sie auf Übernehmen und schließen Sie das Fenster. Normalerweise machen sich die Änderungen schon ohne Neustart bemerkbar und Sie sollten deutlich weniger Lag spüren. Sie können die Einstellungen, z.B. der Sichtweite, wieder schrittweise erhöhen, um Ihren optimalen Wert zu finden.

Haben Sie alle Tutorials durchgeführt, können Sie mit einem Klick auf eines der Schilder zu *Help Island* teleportieren. Sie können hierher allerdings nie zurückkehren, also nicht zu schnell.

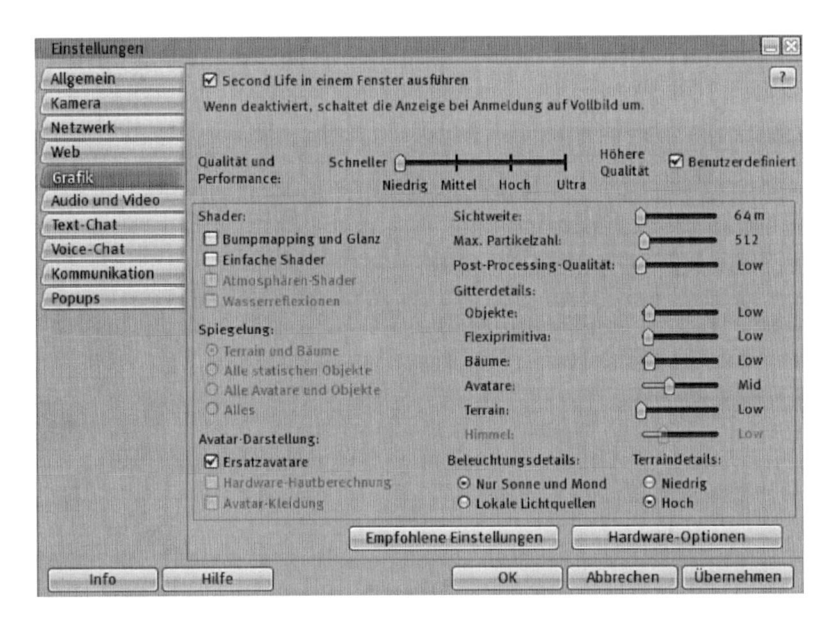


*Oben: Grafikeinstellungen. Unten: Exit-Schild auf Orientation Island*

Bevor Sie die Orientierungsinsel verlassen, möchten Sie vielleicht noch ein Foto von Ihrem Avatar in seiner Geburtsstunde machen. Ein Klick auf den Knopf „Foto“ in der unteren Menüleiste öffnet die Foto-Vorschau. Sie können das Bild als Postkarte versenden, hochladen (kostet 10 L$) oder auf der Festplatte speichern. Wenn Ihnen der Ausschnitt nicht gefällt oder Sie Ihren Avatar von vorne ablichten möchten, dann müssen Sie über die Kameraführung einen anderen Blickwinkel wählen. Halten Sie hierfür die **Alt-Taste gedrückt** und bewegen Sie die Maus mit **gedrückter linker Maustaste** zu dem gewünschten Bereich. Per Bild-Auf/-Abwärtstasten, die man sonst zum Fliegen/Landen benutzen kann, können Sie zusätzlich den Neigungswinkel verändern. Alternativ können Sie auch über die obere Menüleiste via *Ansicht > Kamerasteuerung* ein kleines Interface einblenden. Auf dem gleichen Weg lässt sich auch eine Bewegungssteuerung aufrufen.

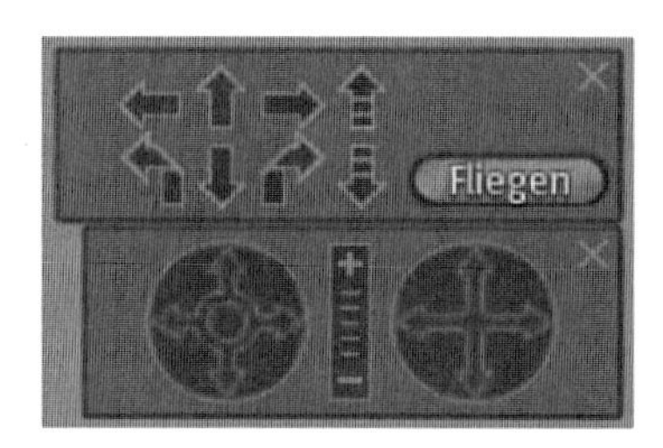

Gefällt Ihnen die Ausleuchtung nicht, können Sie über *Welt > Umwelt-Einstellungen* zum Beispiel einen Sonnenuntergang simulieren. Das Foto wird als Bitmap gespeichert. Will man ein anderes Programm für den Screenshot verwenden, lässt sich das gesamte SL-Userinterface via **Ctrl+Alt+F1** aus- und einblenden.

Wenn Sie Help Island erkunden, sollten Sie noch wissen, wie Sie den Voice-Chat aktivieren. Manche Frage, die Sie dort stellen wollen, lässt sich fernmündlich doch schneller beantworten.
Zum schnellen Öffnen des Einstellungsfensters verwenden Sie wieder das Tastenkürzel Ctrl+P.
Das Register Voice-Chat lässt sich selbsterklärend einrichten. Zur Nutzung sollten Sie über ein Headset verfügen, bzw. über Kopfhörer und ein Mikrofon. Einer Firewall müssen Sie ggf. mitteilen, dass das Programm SLVoice.exe sich mit dem Internet verbinden darf. Voice wird in SL jedoch recht wenig genutzt. Alternativen sind Skype[1] oder Teamspeak.

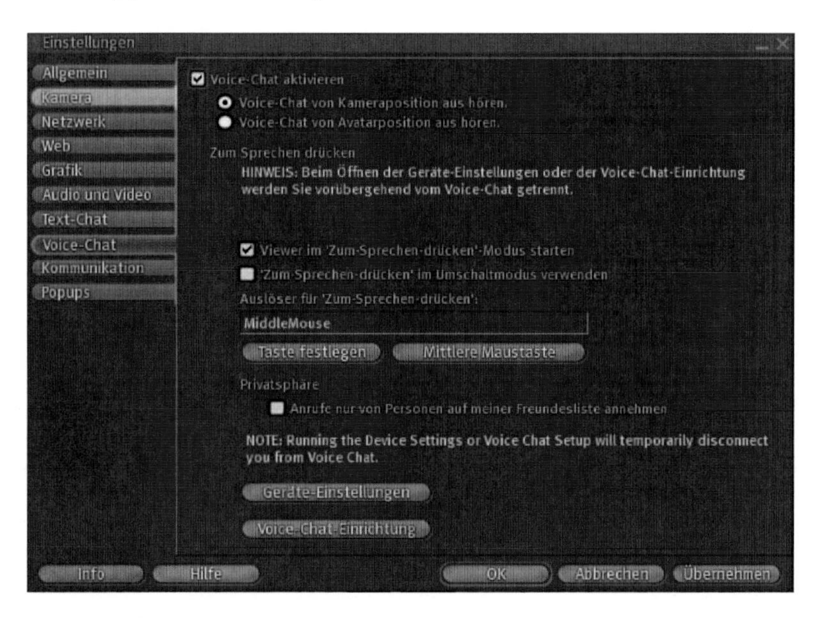

DO:
WEAR
CLOTHES
DON'T:
OH, PLEASE
JUST...DON'T
CENSORED
CENSORED
PG REGION

## Selbstdarstellung und Auftreten

Wenn Sie auf Help Island angekommen sind, bewegen Sie sich zwar noch auf Land, das nur Newbies besuchen können und man wird Ihnen das eine oder andere Fettnäpfchen nachsehen, in das Sie treten werden, allerdings zeugt es von guten Umgangsformen, wenn Sie sich von Beginn an richtig verhalten.
Die Freiheiten in SL sind groß, aber nicht unbegrenzt. Um so wichtiger, sich an einige Grundsätze zu halten. Zunächst einmal gilt natürlich, dass alles, was im echten Leben verboten, auch in SL nicht erlaubt ist. Nur weil die Verfolgung von Urheberrechtsverletzungen beispielsweise schwieriger ist, als im Real Life, hat man keinen Freifahrtschein. Sehr interessante Aspekte zur rechtlichen Betrachtung Second Lifes findet man auf der Webseite **http://www.jurawiki.de/SecondLifeRecht**[1]

Ausserdem haben Sie den Community-Standards zugestimmt und müssen die s.g. ***Big Six*** beachten:
Keine Intoleranz oder Belästigung, keine Angriffe in sicheren Regionen (für das Tragen von Waffen und entsprechende Rollenspiele gibt es extra Regionen), keine Verbreitung von RL-Informationen über andere, kein schamloses oder unsittliches Verhalten in PG-Regionen, keine Störung des öffentlichen Friedens.

Zu diesen Selbstverständlichkeiten kommen noch einige „ungeschriebene Verhaltensregeln“: Werfen Sie eine Begrüßung in die Runde, wenn Sie einen Ort neu betreten und andere anwesend sind. Rempeln Sie niemanden an oder entschuldigen Sie sich, wenn es mal passiert. Falls Sie Freebies erhalten und diese weiter geben dürfen, dann verkaufen Sie diese nicht, so lange Sie das Produkt nicht entscheidend bearbeitet/weiterentwickelt haben. Betreten Sie nicht andere Privathäuser ohne Einladung. Versenden Sie keine Freundschaftsangebote oder Partneranträge an Leute, die Sie kaum kennen und machen Sie keine Werbung für sich oder Ihre Produkte im Chat, per IM oder in einem Gruppen-Channel. Nicht jeder hält sich daran, so dass Sie schnell feststellen, wie störend solche „No Goes“ sind. Je größer das gefühlte Eintauchen in die Welt ist, um so negativer wirken sich diese Belästigungen nämlich auch auf die Person aus, die hinter dem Avatar steckt. Ohne väterlich wirken zu wollen, möchte ich Ihnen noch einen Rat für die Zukunft geben. Erinnern Sie sich an Ihre jetzige Situation. Bestimmt sind Sie schon voller Tatendrang und möchten die Welt erkunden und jede Antwort auf eine Frage wirft zwei Neue auf. Wenn Sie erst Ihre eigenen Erfahrungen gesammelt haben und sich diesen Zustand vergegenwärtigen, beantworten Sie sich ständig wiederholende Fragen anderer Newbies mit viel mehr Geduld. Jeder fängt eben mal an...

Wenn man auf einem Land zusätzliche Rechte erhält, zum Beispiel Baurechte in einer Sandbox, so gehört es sich, auch alle Objekte, die man hier erstellt oder gerezzt hat, wieder zu entfernen. Welche Rechte man auf dem jeweiligen Land besitzt, erfährt man durch die kleinen Symbole zwischen der oberen Menüleiste und dem SIM-Koordinaten. Alle Symbole sind klickbar und liefern so eine Beschreibung. Wenn ein Box-Symbol ohne Verbotsschild zu sehen ist, erkennen Sie daran, dass Sie auf Help Island Objekte erstellen und rezzen können. Das geht nicht überall. Hier ist es besonders hilfreich, da man die Geschenke, welche man im Freebie-Shop erhält, auch gleich ausprobieren möchte.

SANDS Island 1 170, 100, 24 (PG) - ***REDGRAVE* Mens 3:31 AM PDT

Der Freebie-Shop ist i.d.R. immer gut besucht. Wenn Sie mehr über eine der anwesenden Personen erfahren möchten, dann klikken Sie mit der rechten Maustaste auf den Avatar. In dem sich öffnenden Tortenmenü klicken Sie auf Profil und Sie sehen, welche Informationen hier hinterlegt wurden. Sie sehen nichts? Dann hat der Avatar sein Profil noch nicht bearbeitet. Ähnlich wird es bei Ihnen aussehen. Zeit, das zu ändern. Öffnen Sie Ihr eigenes Profil und erzählen Sie der Welt etwas über sich!

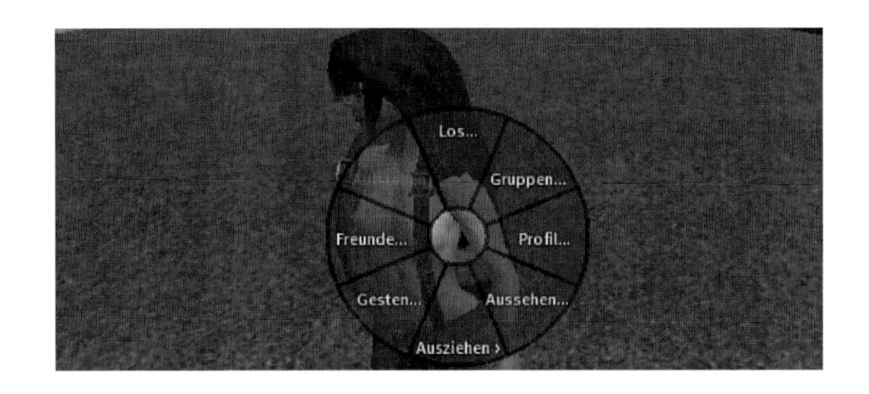


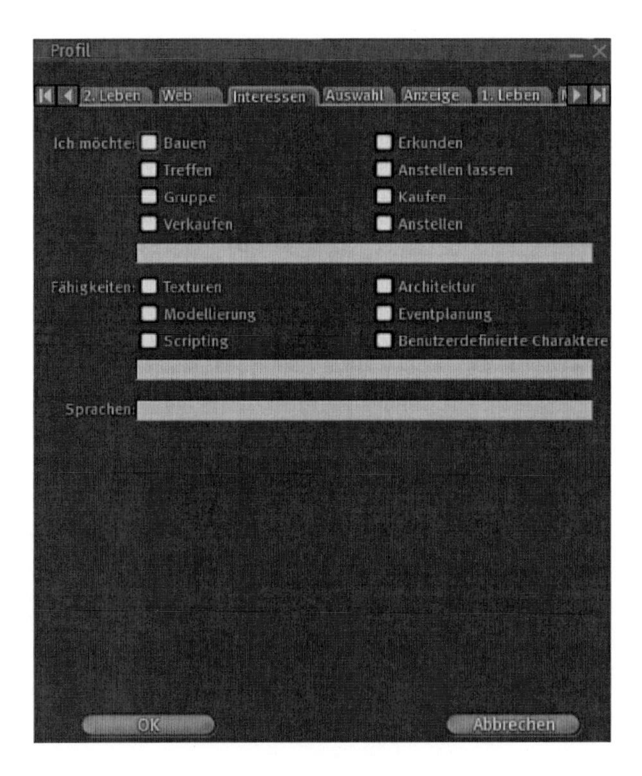


*Nutzen Sie Ihr Profil!*

Auf der ersten Seite des Profils können Sie ein Foto einbinden und etwas über sich erzählen, z.B. wie zu SL gekommen sind oder was Sie dort tun möchten. Wenn Sie in die freie Foto-Fläche ein Bild setzen wollen, ziehen Sie es mit gedrückter Maustaste aus Ihrem Inventar dorthin. Ein eigenes Foto von Ihrem Avatar, welches sich noch auf der Festplatte befindet, lässt sich über die obere Menüleiste *Datei > Bild hochladen* für 10 L$ uploaden.
Im Register *Web* lässt sich eine Webseite eintragen. Wenn Sie keine haben, dürfen Sie die Seite **http://tinyurl.com/4uyabx**[1] nehmen. Sie bereichert Ihr Profil um zahlreiche SL-Reisetipps und -News, wenn Sie auf den Button *Laden* klicken. Das Register *Interessen* ist selbsterklärend. Unter *Auswahl* können Sie über „Neu" den Ort abspeichern, an dem Sie sich gerade befinden. Im Register *Anzeige* können Sie Werbung schalten, im *1. Leben* Angaben zu Ihrem RL machen. Das letzte Register macht im eigenen Profil wenig Sinn, bei anderen können Sie hier Notizen hinterlegen, die nur für Sie einsehbar sind (z.B. „Habe ich auf Help Island kennengelernt"). So gerüstet können Sie nun die Insel erkunden und sind „kein unbeschriebenes" Blatt mehr.

## Rezzen, Bauen, Scripten

Im Freebie-Shop gibt es eine kleine, aber feine Erstausrüstung für den Avatar. Kleidung, Autos, komplette Avatare, aber auch Skripte und Texturen. Nehmen Sie mit, was Sie kriegen können. Auch wenn Sie im Moment keinen Nutzen darin sehen, später wird es Ihnen vielleicht hilfreich sein.
Die meisten Sachen befinden sich in Boxen und werden durch ein Bild dargestellt. Entweder klicken Sie ein Objekt an und es wird automatisch ausgeliefert oder Sie werden gefragt, ob Sie es für 0 Linden Dollar kaufen wollen. Sie können auch per Rechtsklick auf das Objekt ein Tortenmenü öffnen und darüber die Kauf-Funktion wählen. In diesem runden Menü, das Sie für jedes Objekt und Subjekt aufrufen können, stehen noch andere Optionen zur Verfügung. Testen Sie ruhig alles aus, am Besten lernt es sich, wenn man es selbst ausprobiert.

Wenn Sie sich für den Avatar als weißen Wolf interessieren, dann klicken Sie ihn an. Daraufhin öffnet sich ein blaues Hinweisfenster, welches Sie informiert, dass ein Objekt Ihnen den Ordner *White Wolf Avatar* übergeben hat. Öffnen Sie jetzt Ihr Inventar, sehen Sie den Ordner mit all seinen Einzelteilen. Sie können Schritt für Schritt die Teile anziehen, indem Sie per Rechtsklick auf diese *Tragen* auswählen. Einfacher ist es, den gesamten Ordner mit gedrückter linker Maustaste auf den Avatar zu ziehen. Es dauert einen Moment, bis die Verwandlung abgeschlossen ist.
Sie sind nun ein Furry, ein Tierwesen, dem Sie in verschiedenen Gestalten noch öfters in SL begegnen werden und welches eine eigene Subkultur bildet. Wobei es eigentlich nicht richtig ist von Sub-, Leit- oder anderen Kulturen zu sprechen, da der multikulturelle Raum sich selbst erschafft und im stetigen Wandel ist. Eine Abgrenzung findet kaum statt. Es ist ein großes Miteinander.

*Achten Sie darauf, mit welchem Namen die Ordner übergeben werden. Sie finden diese dann schneller in Ihrem Inventar.*

Wenn Sie andere Kleidung bevorzugen, schauen Sie im Inventar im Ordner *Clothing* nach. Falls Sie weiter an Ihrem Aussehen feilen wollen, hilft ein Rechtsklick auf den eigenen Avatar und die Auswahl *Aussehen.* Hier kann man sich Stunden damit beschäftigen das Äußere zu verändern. Schneller geht es, wenn man einen fertigen Avatar nach eigenen Bedürfnissen kauft oder als Freebie findet. Hier müssen meist nur Nuancen an der Skin oder Shape geändert werden. Allerdings macht es nicht so viel Spaß. Der Kreativität sind keine Grenzen gesetzt.

Ein Objekt, was keine Kleidung und auch keine Frisur oder einen HUD darstellt, zieht man nicht an, sondern rezzt es. Hat man versehentlich ein Objekt angezogen, welches nicht dafür vorgesehen war, so trennt man es einfach per Rechtsklick auf das Objekt, indem man aus dem Tortenmenü den Befehl *Abnehmen* wählt.
Um ein Objekt zu rezzen, fliegen Sie in den Demo-Bereich auf Help Island. Suchen Sie das mehrsprachige Willkommens-Schild. Ein Klick auf das Schloss liefert das Objekt *Deutsche Notecards Rucksack.* Sie finden es im Inventar unter *Objects.* Zum Rezzen ziehen Sie es mit gedrückter Maustaste auf den Boden. Vor Ihnen befindet sich nun ein Rucksack, gefüllt mit nützlichen Notecards. Klicken Sie ihn mit rechter Maustaste an und wählen Sie im Tortenmenü *Öffnen.* Ein Dialogfenster zeigt daraufhin den Inhalt des Objekts an. Mit einem Klick auf *In Inventar kopieren* landet der Ordner eben dort. Lesen Sie die Notecards, sie enthalten viele wichtige Infos. Den Rucksack können Sie nun per Rechtsklick > *Take* wieder ins Inventar aufnehmen oder per Rechtsklick > *Mehr > Anziehen* auf dem Rücken tragen. Wenn Sie ihn einfach liegen lassen, landet er nach kurzer Zeit, die der Landbesitzer festgelegt hat, in Ihrem Inventar-Ordner *Lost And Found.* Um Objekte zu erstellen, die Ihnen nicht gleich zurückgegeben werden, fliegen Sie besser in die benachbarte Sandbox.

*Oben: Deutsche Notecards. Unten: Tutorial auf Help Island.*

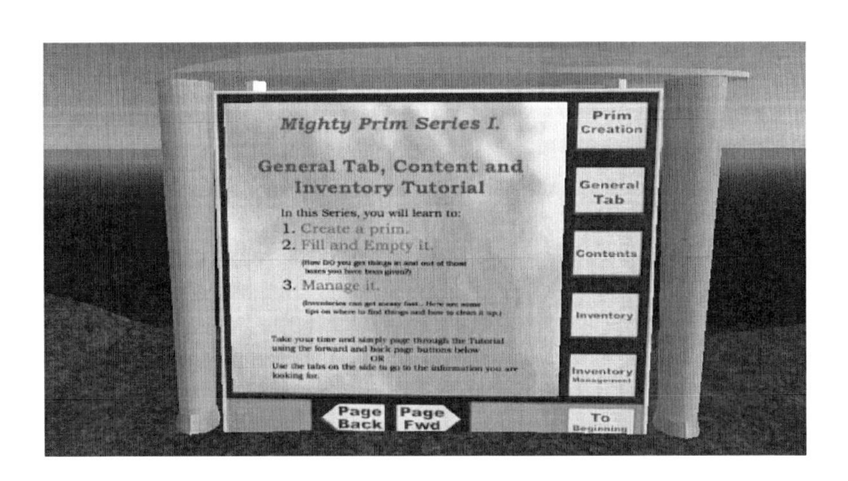

Selbst mit geringen Englischkenntnissen sollte man sich die Tutorials und Videos hier anschauen. Alle Aspekte werden dabei verständlich erklärt. Aber auch ohne Kenntnisse im Bauen und Scripten, können Sie schnelle Ergebnisse erzielen. Ich will Ihnen beispielhaft zeigen, wie Sie eine Eistüte herstellen.
Zu Beginn klicken Sie in der unteren Menüleiste auf den Button *Bauen*. Es öffnet sich ein **Bearbeitungsfenster**, in dem Sie aus den 13 einfachsten Grundformen (Primitives) ein Prim auswählen, z.B. eine Kugel. Mit dem Cursor, der sich in einen Zauberstab verwandelt hat, klicken Sie auf eine freie Fläche vor sich. Sie haben Ihr erstes Objekt erstellt. Durch klicken und ziehen anhand der farbigen Koordinaten-Pfeile können Sie dessen Position verändern. Drücken Sie die Umschalttaste (⇧) und ziehen Sie die Kugel anhand einer Achse ein Stück weiter und Sie haben Ihr Prim dupliziert. Wiederholen Sie den Vorgang, bis Sie drei Kugeln nebeneinander haben. Platzieren Sie jetzt die Kugeln so, dass eine auf den anderen sitzt (auch möglich via Ctrl- und Maustaste).

Anschließend klicken Sie im Bearbeitungsfenster auf das Register *Textur*. Als Textur wird die standardmäßig zugewiesene Holzstruktur gezeigt. Klicken Sie darauf und wählen Sie aus den vorhandenen Texturen Ihrer *Library* eine aus. Ich habe mich für *Blue Plasma* im Ordner *Texturen > Misc Textures* entschieden. Mit Auswählen übernehmen Sie diese. Sie können genauso eine Farbe zusätzlich zuweisen. Wenn Sie im geöffneten Bearbeitungsfenster eine andere Kugel anklicken, wechseln Sie in dessen Editiermodus und können genauso verfahren. Sind Sie fertig, markieren Sie ein Prim, in dem Sie den Bearbeitungsmodus wählen (Rechtsklick > Bearbeiten). Halten Sie nun die Umschalttaste gedrückt, während Sie mit der linken Maustaste die beiden anderen Kugeln anklicken und damit ebenfalls markieren. In der oberen Menüleiste wählen Sie über *Werkzeug > Verknüpfung* aus. Alternativ verwenden Sie die Tastenkombination Ctrl+L. Sie haben die Kugeln damit zu einem Objekt verbunden, welches aus 3 Prims besteht. Das Prim, welches Sie vor dem Verbinden als letztes markiert hatten nennt man Root-Prim. Es übergibt für das Gesamtobjekt seinen Namen.
Erstellen Sie jetzt ein neues Objekt. Diesmal wählen Sie einen Zylinder als Prim. Klicken Sie im Bearbeitungsfenster des Zylinders den Punkt *Drehen* und rotieren ihn anhand der Achsen so, dass die Spitze auf den Boden zeigt. Wählen Sie nun den Punkt *Dehnen* und ziehen Sie den Zylinder an einer Ecke auf eine Größe, dass die drei Kugeln darauf Platz finden können. Schließen Sie das Bearbeitungsfenster. Drücken Sie jetzt die Ctrl-Taste. Der Cursor verwandelt sich in eine Hand und Sie können mit gedrückter Maustaste die Kugeln auf den Zylinder heben. Verringern Sie die Größe der X- und Y-Werte des Zylinders, so dass sich ein schmalerer Kegel ergibt und verknüpfen Sie anschließend Kugeln und Zylinder. Sind die vier Prims verknüpft, wählen Sie erneut den Bearbeitungsmodus. Klicken Sie auf *Dehnen*. Diesmal stauchen Sie das Objekt allerdings auf eine handliche Größe zusammen.

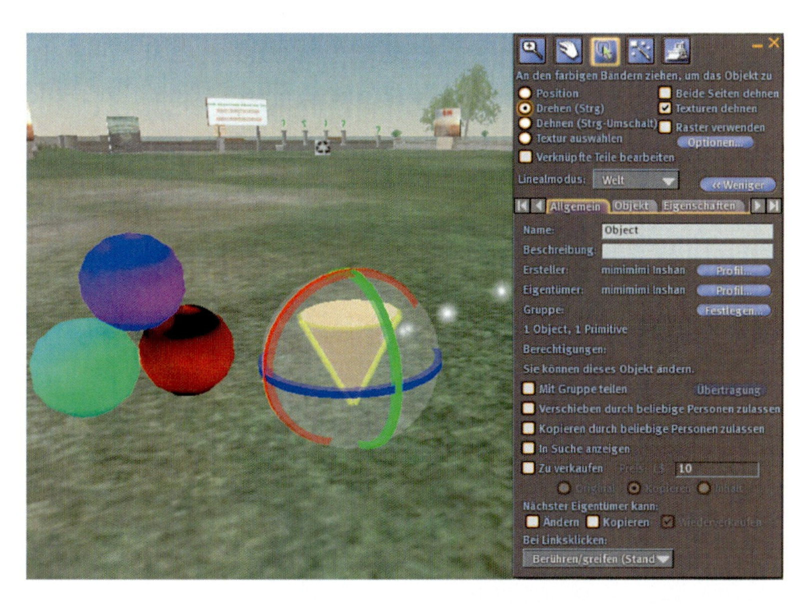
An den farbigen Bändern ziehen, um das Objekt zu
Position
Drehen (Strg)
Dehnen (Strg-Umschalt)
Textur auswählen
Beide Seiten dehnen
Texturen dehnen
Raster verwenden
Optionen...
Verknüpfte Teile bearbeiten
Linealmodus:
Welt
<< Weniger
Allgemein
Objekt
Eigenschaften
Name:
Object
Beschreibung:
Ersteller:
mimimimi Inshan
Profil...
Eigentümer:
mimimimi Inshan
Profil...
Gruppe:
Festlegen...
1 Object, 1 Primitive
Berechtigungen:
Sie können dieses Objekt ändern.
Mit Gruppe teilen
Übertragung
Verschieben durch beliebige Personen zulassen
Kopieren durch beliebige Personen zulassen
In Suche anzeigen
Zu verkaufen
10
Nächster Eigentümer kann:
Ändern
Kopieren
Bei Linksklicken:
Berühren/greifen (Stand

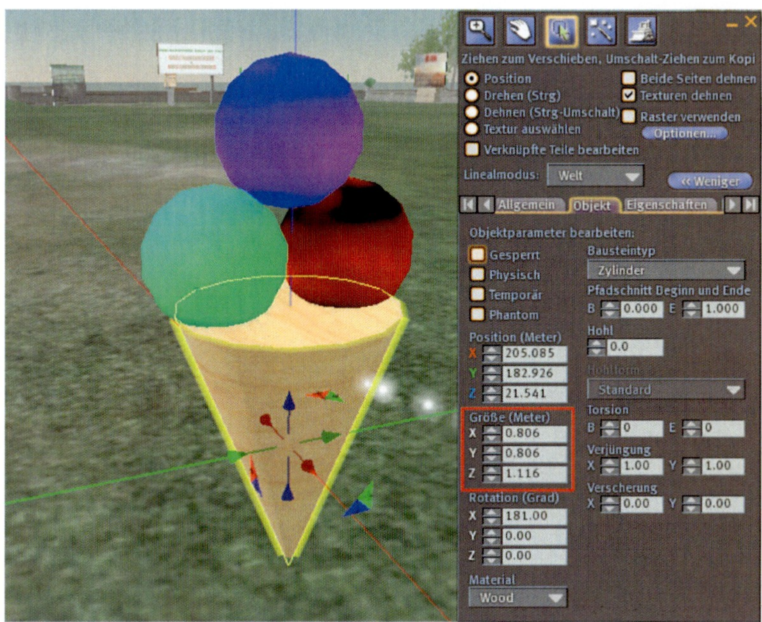
Ziehen zum Verschieben, Umschalt-Ziehen zum Kopi
Position
Drehen (Strg)
Dehnen (Strg-Umschalt)
Textur auswählen
Beide Seiten dehnen
Texturen dehnen
Raster verwenden
Optionen...
Verknüpfte Teile bearbeiten
Linealmodus:
Welt
<< Weniger
Allgemein
Objekt
Eigenschaften
Objektparameter bearbeiten:
Gesperrt
Physisch
Temporär
Phantom
Position (Meter)
X 205.085
Y 182.926
Z 21.541
Größe (Meter)
X 0.806
Y 0.806
Z 1.116
Rotation (Grad)
X 181.00
Y 0.00
Z 0.00
Material
Wood
Bausteintyp
Zylinder
Pfadschnitt Beginn und Ende
B 0.000 E 1.000
Hohl
0.0
Standard
Torsion
B 0 E 0
Verjüngung
X 1.00 Y 1.00
Verscherung
X 0.00 Y 0.00

In der Registerkarte *Allgemein* sollten Sie noch einen Namen vergeben. Dort können Sie auch die Rechte festlegen, die ein Nachbesitzer erhalten soll. Über das Tortenmenü > *Take* landet Ihr Eis in Ihrem Inventar im Ordner *Objects*. Per Rechtsklick können Sie *Anziehen* für das Eis wählen. Es sollte daraufhin an Ihrer Hand hängen. Wenn Sie jetzt das Bearbeitungsmenü für das Eis aufrufen, können Sie über *Position* und *Drehen* das Eis ausrichten. Das Objekt merkt sich die letzte angezogene Position, daher muss dieser Vorgang nur einmal vorgenommen werden. Sicherlich fehlt Ihrem Avatar die Animation zum Schlecken und das Eis sieht ohne echte Waffel-Textur nicht gerade spektakulär aus, aber es ist IHR Eis, aus den vorhandenen Mitteln gebaut.

Vielleicht möchten Sie Ihrem Eis auch noch ein Skript hinzufügen? Sie können dies ohne Skriptkenntnisse tun, in dem Sie sich automatisch eines auf der Webseite
**http://www.3greeneggs.com/autoscript/index_de.html**[1]
generieren lassen. Sie können Ihr Eis z.B. die Leute in der Umgebung ansprechen lassen mit dem Satz: „Willst Du auch ein Eis?". Markieren Sie hierfür auf der Webseite den Punkt *Etwas im Chat sagen* und fügen Sie Ihren Text ein. Wählen Sie die Option *Flüstern.* Damit wird erreicht, dass Ihr Eis nur im Umkreis von 10 Metern zu hören ist. *Sprechen* wird in einer Entfernung von 20 Metern wahrgenommen. Mit *Rufen* erreichen Sie eine Distanz von 100 Metern.
Die Ansage sollte ablaufen, wenn sich ein Avatar näher als 10 Meter befindet und lediglich einmal pro Avatar stattfinden. Haben Sie diese Angaben gemacht, drücken Sie den Button *make my script* und das Script wird erstellt. Kopieren Sie es in die Zwischenablage und fügen Sie es in das Eis ein. Dafür wird im Bearbeitungsmodus des Eis' das Register *Inhalt* gewählt. Ein Klick auf *Neues Skript* erzeugt das Standardskript, welches Sie per Doppelklick öffnen. Löschen Sie das vorhandene Skript und wählen im Fenstermenü *Edit* > *Einfügen.* Ein Klick auf *Speichern* schließt den Vorgang ab.

```
// Dieses Skript wurde automatisch mit Ann Enigma's Skriptgenerator erstellt.
// Erhältlich unter: http://www.3greeneggs.com/autoscript/

list recent_avatars;

add_avatar(string name) {
	if(!seen(name)) {
		recent_avatars += name;
		if (llGetListLength(recent_avatars) > 25) {
			recent_avatars = llDeleteSubList(recent_avatars,0,0);
		}
	}
}
integer seen(string name) {
	if(llListFindList(recent_avatars,[name]) > -1) { return TRUE; }
	return FALSE;
}


default
{

	state_entry() {
		llSensorRepeat("", NULL_KEY, AGENT, 10, PI, 5);
	}
	sensor(integer total_number) {
		if(!seen(llDetectedName(0))) {

		llWhisper(0,"Willst Du auch ein Eis?");

	add_avatar(llDetectedName(0));
	}
}

}
```

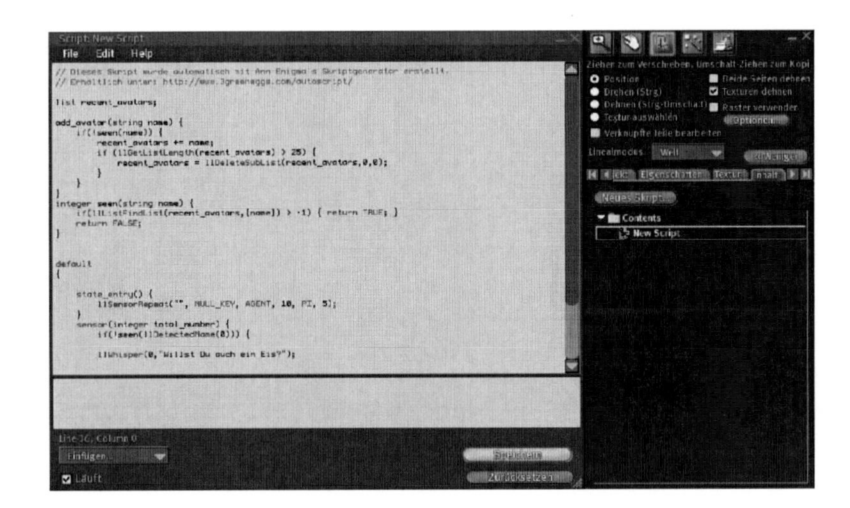


*Das automatisch generierte Skript.*

Mit dem Thema Bauen und Skripten beschäftigen sich verschiedene Gruppen in SL. Einige bieten auch, meist kostenlose, Kurse InWorld an. Gruppen mit Informationen hierüber sind z.B. *www.SL-Toolbar.EU*, *Deutscher Info Dienst* und *Volkshochschule Goslar*. Um einer Gruppe beizutreten, klicken Sie in der unteren Menüleiste auf den Button *Suchen* und in der sich öffnenden Maske auf das Register *Gruppen*. Mit einem Klick auf die Schaltfläche *Join* treten Sie bei. Das Limit an Gruppen, denen Sie beitreten können, beträgt derzeit 25. Der Name der aktiven Gruppe wird über dem Avatar angezeigt. Sie können dies mit einem Klick auf *Gruppen* > *none* > *Aktivieren* über Ihr eigenes Avatar-Tortenmenü abstellen.

Mehr zum Thema Bauen lernen Sie InWorld im **Ivory Tower**[1]. Eine Webseite, mit fertigen Skripten, finden Sie über **http://tinyurl.com/2cto75**

*Die Gruppensuchfunktion.*

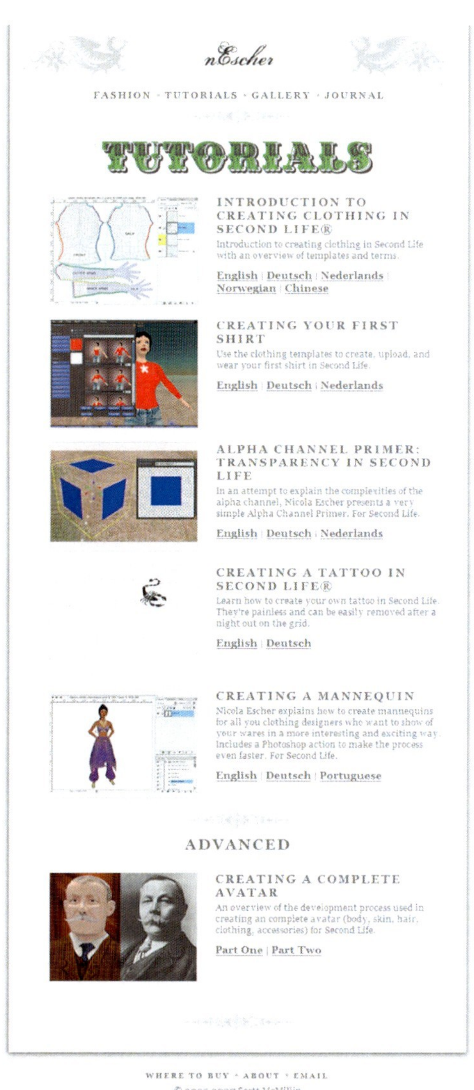


*Tutorials auch auf Deutsch:* ***www.nicolaescher.com***

## Orte erkunden

Wollen Sie Help Island endgültig verlassen, so klicken Sie dort auf das Schild Exit. Sie erhalten eine Landmark, über die Sie die Insel verlassen können. In Ihrem Ordner *Landmarks* befindet sich auch ein Teleport-Link zu einer öffentlichen Help Island-Region. Wollen Sie noch einmal einen Newbie-Parcour durchlaufen, um das Erlernte zu vertiefen, empfehle ich die Deutsche Burgruine **http://slurl.com/secondlife/Frisch/193/188/55**[1]
oder den Pfad von Radio FFH
**http://slurl.com/secondlife/Frankfurt%20Ost/127/242/25**[1].

Wenn Sie diese Adressen in Ihren Browser eingeben, erhalten Sie einen TP-Link über die Kartenübersicht der Webseite **SLurl**[1]. Wenn Sie Ihrem Browser mitteilen, dass ein SL-Link die dazugehörige Software öffnen soll, können Sie so formulierte Links von jeder Webseite aus öffnen. Wer den Umweg über das Kartenmaterial nicht mag formuliert einen TP gleich folgendermaßen: **secondlife://Frisch/193/188/55**[1].

Alternativ können Sie Regionen, deren Namen Sie kennen, über die Suchfunktion der **Karte**, in der unteren Symbolleiste des Clienten finden. Natürlich entdecken Sie ebenso Orte, aber auch Personen, Gruppen, Events und vieles mehr über die allgemeine Suchfunktion. Nutzen Sie dafür das kleine Suchfeld in der oberen Symbolleiste der SL-Software.

Selbstverständlich freue ich mich auch über Ihren Besuch in meinem Infopoint. Sie erreichen ihn über diesen Link:
**secondlife://Frankfurt West/168/226/23**[1]

Newbies finden dort nicht nur Infos, sondern auch einen Geldbaum, Freebies und einen MoneyChair.

Einige Orte in SL sind besonders schön gestaltet und einen Besuch wert. Ein paar Regionen will ich Ihnen vorstellen. Je nach dortigem Lag, sollten Sie mit verschiedenen Grafikeinstellungen experimentieren, um einen vernünftigen Kompromiss zwischen Leistung und Qualität zu finden.

Die SIM **Toscana**[1] beeindruckt durch wunderschöne Landschaften, die keinen Vergleich mit der RL-Toskana scheuen müssen. Mit viel Liebe zum Detail wurde eine Region erschaffen, die zum Verweilen und Erkunden einlädt.

Das „Kasteel **Verloren**[1]" stellt einen Nachbau des Schlosses Neuschwanstein dar. Der Prunkvolle Ballsaal lädt zum Tanzen ein, in den Stallungen ist etwas Arbeit liegen geblieben und im Dienstbotentrakt wird das Festmahl zubereitet.

**Svarga**[1] ist etwas ganz Besonderes. In der Region wurde ein eigenständiges Ökosystem erschaffen. Die Sonne und der Regen nähren die Pflanzen, die daraufhin wachsen und sich vermehren. Die Bienen bestäuben die Blumen, die Vögel können gefüttert werden. Das ganze ist ein Experiment, das die Komplexität und die Abhängigkeiten von Naturkreisläufen verdeutlicht und eindrucksvoll die Machbarkeit solcher Vorgänge in SL demonstriert. Nebenbei ist die SIM schön anzuschauen und bietet die Möglichkeit einer Tour.

*Abb. Folgeseite: SIMs **Toscana, Verloren, Svarga***

*SIMs **Spaceport Alpha** und **Galaxy AFT**.*

Die SIM **Spaceport Alpha**[1] beherbergt das International Spaceflight Museum. Hier ist wirklich alles ausgestellt, was mit der bemannten und unbemannten Raumfahrt zu tun hat. Die Apollo-Raketen sind ebenso detailgetreu nachgebaut, wie Satelliten und Raumsonden. Auf der Nachbar-SIM befindet sich die US-Luft- und Raumfahrtbehörde NASA.

**Galaxy AFT**[1] ist die Start-SIM für das Kreuzfahrtschiff SS Galaxy. SS steht hierbei für Steam Ship (Dampfschiff) und genau in diesem Stil der großen Ozeanriesen stellt sich auch die Galaxy dar. Das Schiff, in seiner atemberaubenden Größe, erstreckt sich insgesamt über drei SIMs. Über 40.000 Prims wurden verbaut. Es ist möglich, sich auf den über acht Decks einen Shop zu mieten. Die Preise beginnen hierfür ab etwa 350 L$ pro Woche.

Wenn Ihnen ein Ort so gut gefällt, dass Sie Ihn wieder aufsuchen möchten, dann klicken Sie in der oberen Menüleiste auf *Welt > Landmarke hier setzen.*

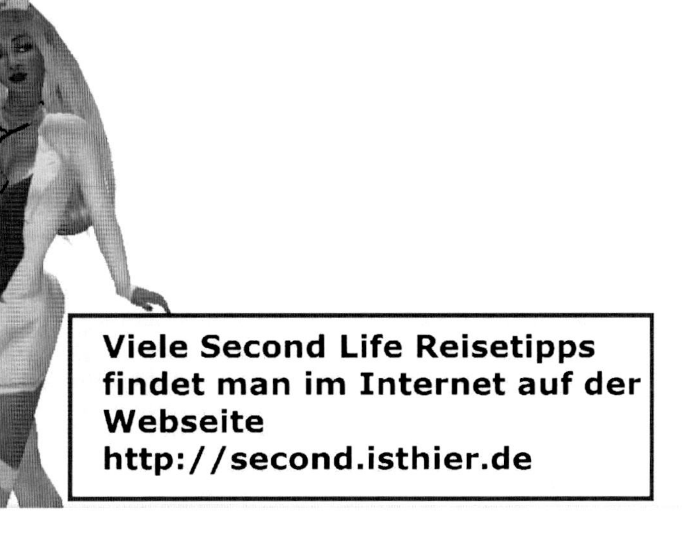

*Freebies findet man im* ***Free Dove****, Freunde in der Kontaktliste.*

## Leute kennenlernen

Um Leute mit ähnlichen Interessen zu treffen, nutzt man am Besten die Suchfunktion. Geben Sie einen prägnanten Begriff ein und suchen Sie gezielt nach Orten, Gruppen oder Events, die Ihnen gefallen. Die ersten Kontakte knüpft man schnell in den zahlreichen Clubs, wobei sich alles Club nennt, was eine Tanzfläche zur Verfügung stellt. Die Traffic-Zahlen, neben einem Ort in den Suchergebnissen, sagen etwas über die Beliebtheit der Location aus. Ist man Mitglied einer Gruppe, so erhält man meist Einladungen über Gruppenmitteilungen zu speziellen Events.
Viele Newbies, auch Deutsche, treffen Sie in den bekannten Freebie-Shops. Suchen Sie danach. Ein schöner Nebeneffekt dabei ist, dass Sie sich kostenlos einkleiden können.

Sind Sie erst einmal mit einer Person ins Gespräch gekommen und stellen fest, dass Sie sie wiedersehen möchten, sollten Sie per Rechtsklick auf die Person im Tortenmenü über *Mehr > Karte geben* einen Link zum eigenen Profil überreichen. Er befindet sich dann im Ordner *Calling Cards* der Person und zeigt an, wann Sie online sind. Dies wäre eine Vorstufe, um jemanden als Freund hinzuzufügen. Sie können auf die gleiche Weise auch direkt Freundschaft anbieten. Jedoch wird diese für gewöhnlich erst angenommen, wenn man ein paar mehr Worte als „Hallo, wie geht's?" gewechselt hat. Von Freunden wird übrigens automatisch eine Calling Card angelegt. Über die Schaltfläche *Unterhalten* in der unteren Menüleiste können Sie jederzeit Ihre **Kontakte** (Freundes-/Gruppenliste) aufrufen. Freunde, die online sind, werden hier mit einem entsprechenden Symbol zuerst angezeigt. Schnell lassen sie sich so per *IM/Anruf* kontaktieren. Sollten Sie die große Liebe in SL finden, können Sie im Login-Bereich der Second Life Webseite ein Partner-Angebot an eine Person senden. Akzeptiert diese Ihren Vorschlag, findet man in beiden Profilen unter *Partner* den Namen des jeweils anderen.

Eine zusätzliche Möglichkeit andere Residents kennen zu lernen ist über das WWW. In zahlreichen Foren haben sich hier verschiedene Interessensgemeinschaften zusammengeschlossen. Für viele Newbies ist dies auch eine interessante Anlaufstelle um Fragen zu stellen oder Tutorials zu lesen. Die Registrierung ist in allen Portalen kostenlos. Allerdings wird für einige Funktionen eine Verifizierung verlangt. Dabei muss der Avatar an einem Terminal seine Identität preisgeben und mit den Angaben der Webseite abgleichen.

Bei einer von mir gestarteten Umfrage erklärten jedoch 39 von 162 Befragten, dass sie gar kein Forum nutzen. Etwa ein Viertel.

Die beiden größten deutschen Foren findet man auf
**http://tinyurl.com/429rwe**[1] und **http://tinyurl.com/4jydh2**[1].
In der Vergangenheit gab es erbitterte Kämpfe um die Gunst der Nutzer zwischen den beiden Foren, was sich leider auch im vorherrschenden Ton bemerkbar machte. Dies scheint mittlerweile beigelegt zu sein. Umfangreiche Kategorien vermitteln schnell und verständlich Basiswissen und machen die Seiten zu beliebten Adressen.

Ein weiteres Forum erreicht man unter
**http://www.secondforum.de**[1].
Ein anpassbarer Newsfeed hält den Leser auf dem Laufenden. Hier wird auch an einem eigenen Wiki zu SL gearbeitet.

Über **http://tinyurl.com/2czt2g**[1] gelangt man auf die Seiten des Apfellandes. Das Apfelland ist in SL ein Zusammenschluss von über vierzig, deutschsprachigen SIMs. Die Webseite ist allerdings hauptsächlich für Apfelland-Bewohner konzipiert.

Einen anderen Ansatz verfolgt die Community auf
**http://www.yourgui.de**[1].

Die noch junge Gemeinschaft führt kein klassisches Forum, sondern setzt auf Interaktion zwischen den Nutzern. Es lassen sich Fotos und Videos veröffentlichen, Treffpunkte und Termine bekanntgeben und jedes Mitglied erhält eine ausführliche und anpassbare Profilseite. Auch Nachrichten können direkt ins Second Life gesendet werden. Für Aktivitäten InWorld steht eigenes Land zur Verfügung.

Jüngst konnte man über die Plattform auch den einen oder anderen Linden Dollar gewinnen.

Die Interessen der Schweiz vertreten die *Swiss Ambassadors* auf der Webseite
**http://tinyurl.com/3fxzum**[1] und InWorld auf **Switzerland**[1].

Die zahlreichen veranstalteten Events des Vereins, stehen aber auch allen anderen Nationalitäten offen. Die Webseite bietet hierzu einen eigenen Eventkalender.

Haben Sie sich einen Bekanntenkreis aufgebaut, erkunden Sie doch mit mehreren die Welt. Sie werden staunen, über die Vielzahl neuer Orte, die Sie entdecken und wie viele interessante Persönlichkeiten in Second Life unterwegs sind.

Wenn Sie selbst einen besonderen Ort oder ein unterhaltsames Event entdeckt haben, können Sie Freunden über Ihre Kontaktliste einen Teleport über den gleichnamigen Button anbieten. Die Zielperson erhält daraufhin eine Einladung mit TP-Link, Sie zu besuchen. Es empfiehlt sich, den Freund vorher per IM zu informieren, warum und wohin Sie ihn holen wollen.

Wird Ihnen eine Person aus der Freundesliste zu aufdringlich oder verlangt RL-Angaben, so können Sie diese per Mausklick einfach aus Ihrer Freundesliste löschen oder das Häkchen unter dem Augen-Symbol entfernen, welches angibt, dass die Person Ihren Online-Status sieht. In hartnäckigen Fällen können Sie die Person auch über deren Profil *stumm schalten*, so dass keine Belästigung mehr möglich ist.

Kleine Geschenke erhalten die Freundschaft, auch im zweiten Leben. Möchten Sie jemandem etwas aus Ihrem Bestand überreichen, so ziehen Sie es mit gedrückter Maustaste aus Ihrem Inventar auf das entsprechende Feld der ersten Profilseite der Person, die Sie beschenken möchten. Sie erhalten eine Nachricht, ob die Person Ihr Angebot angenommen hat.

Genauso erhalten Sie eine Benachrichtigung, wenn Ihnen jemand etwas übergeben will. Dies ist eine oft praktizierte Möglichkeit, um Dinge auszutauschen. Wenn Sie auf einer Party beispielsweise die speziellen Tanzschritte eines Avatars bewundern, können Sie diesen ruhig fragen, ob er Ihnen diese Animation geben würde. Nur nach Linden Dollar sollten Sie niemanden anbetteln.

## Das eigene Heim oder Geschäft

Ob Sie einen Wohnsitz suchen oder ein Geschäft gründen wollen, für beides brauchen Sie ein Stückchen Land. Mit dem richtigen Konzept können Sie auch beide Möglichkeiten kombinieren. Besonders wenn Sie ein Grundstück zu Geschäftszwecken benötigen, sollten Sie alle Vor- und Nachteile Ihres Domizils gut gegeneinander abwägen. Ein späterer Standortwechsel wirkt sich oft nachteilig aus.

Die Möglichkeiten in SL mit dem eigenen Geschäft Geld zu verdienen sind vielfältig. Dies bedeutet jedoch nicht, dass es auf der virtuellen Straße liegt. Wie im echten Leben sind nur jene erfolgreich, die sich durch Fleiß, Ausdauer, Qualität und innovative Ideen von der breiten Masse absetzen.
Im Gegensatz zum RL sind in SL jedoch viele Nischen noch nicht besetzt. Wo im WWW wenige Platzhirsche eine Branche beherrschen, betritt man in der virtuellen Welt in vielen Bereichen Neuland, das es einzunehmen gilt. So gesehen ist die Chance, im 3D Web erfolgreich zu sein wesentlich höher. Während andere einen zukunftsweisenden Trend verschlafen, bietet sich jetzt die Gelegenheit, sich mit dem eigenen Geschäft zu etablieren. Wobei nicht alle Ideen aus dem RL, insbesondere aus dem zweidimensionalen Web, 1:1 übertragen werden können.

Ein extrem wichtiger Faktor, der bei allen Maßnahmen berücksichtigt werden sollte, ist der Community-Gedanke. Um erfolgreich zu sein, muss man Teil der Gemeinschaft werden und Ihre Bedürfnisse kennen und stillen. Dies geschieht, bei von Nutzern generierten Inhalten, für gewöhnlich durch mehr Geben als Nehmen. Um Leute für Ihre virtuellen oder echten Produkte oder Dienstleistungen zu begeistern, müssen Sie der Community erst einen Mehrwert bieten, der nichts kosten sollte. Hierfür sollten Sie zunächst Ihre Zielgruppe definieren und kennenlernen.

Falls Sie beispielsweise in den hart umkämpften, und mit hohen Investitionen verbundenen, Landhandel einsteigen wollten, dann könnten Sie vielleicht Ihre Zielgruppe locken, in dem Sie eine Schnitzeljagd organisieren. Informieren Sie die SL-Presse und SL-Radiosender über Ihr Event und schalten Sie InWorld Werbung auf Plakaten an gut besuchten Orten.
Während die „Schnitzeljäger" ihre Hinweise sammeln, erkunden sie gleichzeitig die Vorzüge, der von Ihnen modellierten Landschaften. Warum nur eine schön gestaltete Parzelle anbieten? Stellen Sie gleich eine Auswahl an bezugsfähigen Häusern mit zur Verfügung. Sofern Sie allen erfolgreichen Absolventen des Suchspiels noch einen Monat kostenloses wohnen anbieten und die Gewinner in einer anschließenden Party durch einen DJ gekürt werden, haben potenzielle Kunden spielerisch Ihr Produkt kennengelernt und Sie haben sich sehr positiv positioniert. Für die Teilnahme am Spiel könnte der Betritt in eine von Ihnen gegründete Gruppe Voraussetzung sein, über die künftige Events unaufdringlich mitgeteilt werden. Wenn Sie die Häuser noch mit Fernsehern bestücken, auf denen Werbung eingeblendet wird und ein paar Vendoren mit Möbeln aufstellen, damit die Bewohner sich einrichten können, haben Sie möglicherweise ein kleines Zusatzgeschäft.
Wichtig ist, dass sich solche *Aktionen wiederholen*, die *Vorzüge des Erlebbaren im Vordergrund* stehen, welche für das Web 3D typisch und einzigartig sind und den Besuchern eine *Wertschätzung* geboten wird. Kundenbindung und Marketingstrategien sind hier genauso wichtig, wie im ersten Leben. In der Werbung können Sie ruhig mutiger vorgehen, als im RL. Allerdings wird eine zu hohe Penetranz schnell als Spam empfunden und abgestraft. Geschickt eingesetztes, virales Marketing kann aber schnell zu einem hohen Bekanntheitsgrad führen.

Interessante Aspekte zu diesem Thema liefert auch das *Business-Magazin für Second Life* von Andreas Mertens auf **http://www.web3dtalk.de**[1].

*Auf **Web3DTalk.de** lesen Interessierte nicht nur den beliebten Blog. Über SLTalk & Partner werden auch Zusatzleistungen angeboten.*

Ich werde Ihnen verschiedene Möglichkeiten zeigen, wie Sie ein Geschäft gründen können. Die Idee dahinter muss von Ihnen kommen. Wenn Sie noch nicht mit dem Gedanken spielen, SL auch kommerziell zu nutzen, dann helfen Ihnen die folgenden Kapitel, sich über die Möglichkeiten des Landbesitzes zu informieren. Um so länger man sich in der virtuellen Welt aufhält und je tiefer Sie eintauchen, desto größer wird der Wunsch danach.

## Shop mieten

Eine einfache Möglichkeit Produkte zu vertreiben ist es, sich einen Shop zu mieten. Es gibt viele Einkaufszentren, die Verkaufsflächen mit guter Infrastruktur zur Verfügung stellen. Das Anmieten erfolgt meist automatisiert über die Bezahlung eines Mietsystems vor Ort. Zum Rezzen seiner Artikel bedarf es normalerweise noch der Einladung des Besitzers in die entsprechende Shop-Gruppe, um die erforderlichen Rechte dafür zu erhalten.

Die Vorteile liegen in den geringen Kosten und der flexiblen Dauer des Mietverhältnisses. Nachteilig kann sich die unvorhersehbare Nachbarschaft auswirken. Wer Kinderbekleidung verkaufen will, hat sicherlich nicht gerne einen Sextoy-Anbieter in direkter Nähe. Kindlich gestaltete Avatare und entsprechende Bekleidung dürfen keinesfalls mit dem verbotenen AgePlay gleichgesetzt werden. Oftmals leben die Menschen hinter solchen Avataren lediglich ihren Spieltrieb aus und stellen jede Menge Unsinn an, der einem erwachsenen Avatar nicht nachgesehen würde. Viele leben auch in Familienverbänden, haben einen SL-Vater und eine SL-Mutter.

Ein Shop mit 30 verfügbaren Prims ist bereits für etwa 100 L$ wöchentlich mietbar. 30 Prims können ausreichen, wenn jemand nur vier Vendoren aufstellen möchte. Jedoch verschenkt man damit die Möglichkeit, seine Objekte erlebbar zu machen. Individuelle Möbel beispielsweise, lassen sich ausgestellt besser verkaufen. Der Avatar will auf einem Sofa *sitzen* und eine Lampe *einschalten* können. Die Beschränkung auf eine zweidimensionale Abbildung am Verkaufsautomaten macht in einer dreidimensionalen Welt wenig Sinn. Alternativ lassen sich Holo-Vendoren nutzen. Bei ihnen wird per Knopfdruck, jeweils ein Verkaufsobjekt zur Zeit, dreidimensional gerezzt.

Ausschlaggebend für den Erfolg des Geschäfts ist in diesem Fall die dortige (Lauf-) Kundschaft. Wenn Sie neben der oberen Menüleiste auf die SIM-Koordinaten klicken, erhalten Sie über die Traffic-Information einen Hinweis darauf, wie *belebt* die Region ist. Das sagt aber noch nichts darüber aus, wie *beliebt* der Ort ist! Hohe Besucherzahlen kommen oft durch künstlich generierten Camping-Verkehr zustande. Ein Avatar kann auf diese Weise Geld verdienen, wenn er sich eine bestimmte Zeit vor Ort an oder mit einem Camping-Objekt aufhält. Der zusätzliche Besucherstrom wertet die Region scheinbar auf. Wer allerdings auf das Campen als Einnahmequelle angewiesen ist, hat meist nicht viele Linden Dollar zum Einkaufen übrig und scheidet als Kunde hochpreisiger Produkte aus. Für Land-, Shopbesitzer und Newbies ist dies jedoch eine gute Möglichkeit, über solch kleine Finanzspritzen etwas Leben und Geld in eine Region zu bringen. Der Fokus sollte aber woanders liegen. Traffic, der zustande kommt, weil die Landschaft attraktiv gestaltet ist, die Shops gute Designer-Ware anbieten oder Events den Ort zu einem Treffpunkt für diverse Gruppen werden lassen, bringen mehr potentielle Kunden. Das Umfeld muss daher genau sondiert werden.

*Ein Einkaufszentrum auf der SIM Preussen*

## Land kaufen/mieten

Wer größere Projekte plant oder eine RL-Firma präsentieren will, kommt um einen Auftritt auf eigenem Land kaum umher.
Mehr Land bedeutet mehr Prims und die Freiheit eigene Gebäude oder Verkaufsstände nutzen zu können. Wenn Sie Land über einen privaten Landhändler erwerben oder mieten, brauchen Sie **keinen Premium-Account.** Der Begriff „kaufen" ist hierbei jedoch irreführend, denn auch wenn Sie der Besitzer werden, müssen Sie laufend Abgaben an den Eigentümer zahlen, der damit seine „Land-Steuern" an Linden Lab begleicht. Der Eigentümer bleibt in jedem Fall Estate-Owner und könnte Sie enteignen. Um so wichtiger ist es, dass bei dieser simpelsten Form des Landbesitzes ein seriöser Vertragspartner gefunden wird. Zur Rechtssicherheit sollte auch ein Händler mit deutscher Geschäftssprache und einem Unternehmenssitz in Europa bevorzugt werden.

Trotz der laufenden Kosten rentiert es sich schon nach kurzer Zeit eine Parzelle zu kaufen, da die monatlichen Abgaben geringer sind, als bei der reinen Miete. Eine Gegenüberstellung der Preise aus dem Angebot der *Otherland Group*[1] soll die Unterschiede verdeutlichen. Für ein schon beachtliches Stück Land der Größe 16.384 $m^2$ (=¼ SIM) auf einer Insel (Island) bezahlt man bei
-Kauf einmalig 224 Euro und monatlich 72 Euro
-Miete einmalig 0 Euro und monatlich 105 Euro
je inklusive Nutzung von max. 3.750 Prims (Classic SIM).

Der Kauf von High Area Land dieser Größe kostet nur
-einmalig 62 Euro und monatlich 23 Euro
inklusive Nutzung von max. 937 Prims (Openspace SIM).
Das Mieten wird ab 30 Euro monatlich angeboten.

Gekauftes Land kann zudem wieder weiter verkauft werden.

Kleinere Grundstücke sind um einiges günstiger zu bekommen und reichen manchmal schon aus.

So werden für ein 2.048 m² großes Grundstück mit 469 Prims bei
-Kauf einmalig 30 Euro und monatlich 10 Euro
-Miete einmalig 0 Euro und monatlich 15 Euro
veranschlagt.

Die Preise stellen nur eine Momentaufnahme dar und variieren zum Teil deutlich zwischen den Anbietern. Auch bedingt durch Kursschwankungen zwischen Euro und US Dollar.

Je größer Ihr Land, um so weiter entfernt ist demnach die Nachbarschaft, was vorteilhaft sein kann. Andererseits müssen Sie auch mit weniger Laufkundschaft rechnen und noch aktiver und eigenständiger Ihr Angebot promoten.

Viele Landhändler bieten InWorld Zahlungssysteme zur Begleichung der laufenden Landkosten an. Das ist nicht immer praktisch, da der eigene Bestand an Linden Dollar permanent aufgestockt werden muss. Wer über PayPal oder Kreditkarte verfügt und dies als Zahlungsinformation in seinem Second Life-Account hinterlegt hat, kann sein InWorld-Konto über den hauseigenen Service LindeX aufladen. Wer nicht darüber verfügt, ist mit einer der deutschsprachigen Wechselstuben gut beraten. Ohne Kursumrechnung können auf diese Weise Euro direkt in Linden Dollar getauscht werde. Hier ist es ebenfalls wichtig, auf die Seriosität der Anbieter zu achten.

Speziell an Europäer richtet sich das Angebot von *euroSLEX*[1]. Ähnlich dem Handel bei LindeX wird hier der jeweils beste Kurs aus dem Handelsvolumen aller Teilnehmer berechnet. Es ist auch möglich, einen Wunschkurs zu benennen, zu dem der Auftrag ausgeführt werden soll. Ein großer Pluspunkt ist die Möglichkeit, Euro per Banküberweisung kostenlos einzuzahlen.

Über die Webseite lässt sich das in L$ gewechselte Guthaben direkt an den Avatar schicken. Auf umgekehrten Weg transferiert man Linden Dollar (an einem speziellen Terminal InWorld) auf das euroSLEX-Konto. Sicherheit wird dabei besonders groß geschrieben. Die Wechselgebühren sind moderat und betragen maximal 2,5 %.

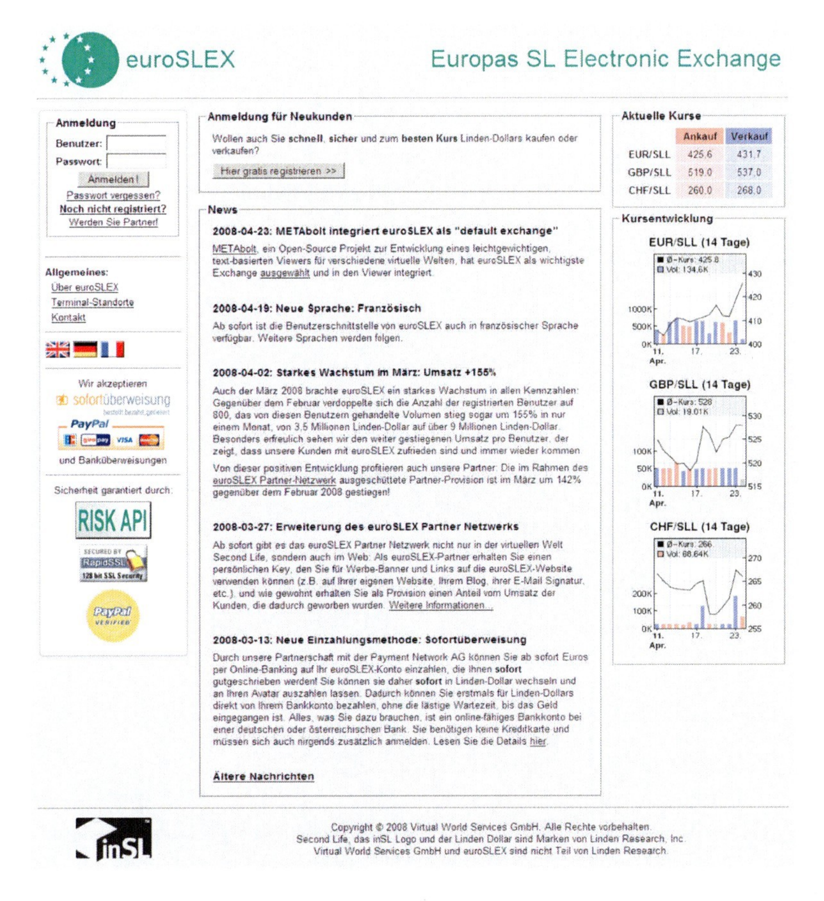


*Europäer wechseln Linden Dollar günstig auf* ***www.euroslex.com***

## Eigenes Mainland/SIM

Mit einem Premium-Account besitzen Sie die Möglichkeit Land vom Eigentümer Linden Lab (Mainland) zu kaufen. Für die ersten 512 m² kommen außer den Premium-Kosten auch keine weiteren *Landnutzungsgebühren* hinzu. Für zusätzliche 512 m² würden monatlich 5 US$, für 1.024 m² 8 US$ an LL fällig. Bei einer ganzen Region sind monatlich 195 US$ zu entrichten. Auch bei Käufen von anderen Besitzern gelten diese Gebühren, sofern es sich um Mainland handelt.
Die Kaufpreise hierfür von privat variieren stark. 512 m² sind zwischen 5.000 bis 10.000 L$ erhältlich (ca. EUR 12,50 - 25,00). Komplette Mainland-SIMs wurden von Linden Lab im Mai 2008 mit einem Startpreis von 750,00 US$ versteigert.

Eine Insel-SIM gab es zur gleichen Zeit von LL für 1.000,00 US$. Die laufenden Kosten betrugen monatlich 295,00 US$. Bei einer Insel können Sie den Regionsnamen und die Topologie selbst festlegen.

Der Vorteil von eigenem Mainland oder einer von LL erhaltenen SIM liegt darin, dass Sie keinen Beschränkungen eines Vertrages (Covenant) mit einem Estate-Owner unterliegen. Auch die Landschaft können Sie an Ihre Bedürfnisse anpassen. Die Kosten für Mainland sind zudem gering. Allerdings, wenn Sie nicht gerade vorhaben, eine ganze Mainland-SIM zu kaufen, ist die Infrastruktur und das Ambiente der Nachbarschaft meist schlecht, da es durch die fehlenden Beschränkungen sowohl an einem einheitlichen Bild mangelt, als auch an Straßen o.ä. Verbindungen, die von der Gemeinschaft genutzt werden könnten.
Prüfen Sie genau, welche Ansprüche Sie an das Land stellen und welche laufenden Kosten Sie zu tragen bereit sind.
Die genannten Kosten verstehen sich zzgl. der jeweiligen Umsatzsteuer.

Selten findet man sofort den idealen Weg zur ersten Präsenz. Oft kann jedoch eine Kombination aus verschiedenen Optionen zum Ziel führen. So könnten Sie in einem Premium-Account 512 $m^2$ Mainland gebührenfrei für Ihr Eigenheim nutzen und Ihre Produkte in mehreren kleinen, angemieteten Shops anbieten, welche Ihren Kunden eine Landmark zu Ihrem Hauptgeschäft liefern, dass sich auf gekauftem Land einer privaten SIM befindet.

Mit einer Skybox, die sich in luftiger Höhe befindet, könnten Sie geschäftlich genutztes Land zusätzlich auch privat nutzen.

## SLX - virtueller Marktplatz

Ein anderer Vertriebsweg für virtuelle Produkte ist SLExchange. Sie haben auf der Webseite die Möglichkeit, Ihre Artikel über das Web anzubieten, ohne ein Geschäft in SL betreiben zu müssen. Über 200.000 Produkte, darunter auch viele Freebies, machten SLX zur Nummer Eins unter den SL-Marktplätzen. Tausende SL-User tätigen täglich ihre Einkäufe hier.

Nach der Anmeldung auf der Webseite **http://slexchange.com**[1] können Sie für 0 Linden Dollar eine Verkaufsbox ordern, die InWorld an Ihren Avatar ausgeliefert wird. Rezzen Sie die Box und ziehen Sie aus Ihrem Inventar die Objekte hinein, die Sie verkaufen wollen. Auf der Webseite haben Sie nun die Möglichkeit einen Verkaufstext zu schreiben und Bilder zum Produkt online zu stellen. Mit wenigen Handgriffen haben Sie Ihre Artikel konfiguriert und bieten diese einem weltweiten Publikum an. Bei Verkäufen behält SLX eine kleine Provision ein.

Sie müssen lediglich darauf achten, dass Ihre Verkaufsbox jederzeit InWorld vorhanden ist. Ob Sie diese auf eigenem Land, bei einem Freund oder in einem gemieteten Shop unterstellen, ist unerheblich. Bei einem Verkauf über die Webseite wird der Artikel automatisch an den kaufenden Avatar geschickt und der Verkaufspreis Ihrem SLX-Konto gutgeschrieben.
An zahlreichen SLX-Terminals können Sie sich Ihr Guthaben in SL auszahlen lassen. Sie haben auch die Möglichkeit über PayPal Linden Dollar ins RL zu transferieren.

Das Potential bei SLX zu handeln ist enorm groß und für den Kunden sehr bequem. Kann er doch schnell und übersichtlich aus einer Vielzahl an Artikeln wählen, ohne auch nur einen Shop InWorld betreten zu müssen. Das Einkaufserlebnis, was für eine dreidimensionale Welt so typisch ist, geht hierbei natürlich verloren, aber wenn ein spezielles Produkt gesucht wird oder verglichen werden soll, ist SLX als Online-Versandhaus die erste Wahl. Mit steigender Popularität bei den Verkäufern droht allerdings die Gefahr, in der Menge unterzugehen. Ein befristet niedriger Einstiegspreis oder eine werbliche Hervorhebung kann hier Abhilfe schaffen. Ebenfalls könnten Sie eine abgespeckte Freebie-Variante Ihres Produkts anbieten. Die meisten Kunden bewerten nämlich ein Produkt nach einem Kauf und liefern nachfolgenden Interessenten, mit einer guten Beurteilung, ein entscheidendes Kaufkriterium. Gute Ware/Qualität spricht sich hier besonders schnell herum.

Sie können via SLX auch einen weiteren Verkaufskanal nutzen. Suchen Sie auf der Webseite nach Vendoren. Es gibt zahlreiche Modelle von verschiedenen Anbietern. Zwei der erfolgreichsten sind *JEVN* und *Hippo*. Im Angebot sind Versionen ab etwa 1.500 Linden Dollar. Der Hersteller Hippo Technologies bietet die Möglichkeit, InWorld einen Server aufzustellen, in welchem die zu verkaufenden Artikel abgelegt werden. Die Preise, Beschreibungen und Bilder, die daraufhin an den Vendoren angezeigt werden, konfiguriert man bequem über deren Webseite. Es können nicht nur unbegrenzt Vendoren aufgestellt, sondern zusätzlich so genannte *Catalogue Vendors* (auch über SLX) weiter gegeben/verkauft werden.

Damit haben Sie die Möglichkeit, Ihre Produkte über andere SL-Nutzer verkaufen zu lassen. Jeder, der einen solchen Verkaufsautomaten erwirbt und ihn im eigenen Shop platziert, trägt zur Verbreitung Ihrer Produkte bei. Dafür, dass andere Avatare Ihre Vendoren aufstellen, erhalten diese eine von Ihnen festgelegte, prozentuale Beteiligung pro Verkauf. Auch ohne eigene Shops ist es so möglich, Artikel überall in SL anzubieten. Die Produkte und Provisionen müssen für die Händler nur attraktiv genug sein.
Es bietet sich an, die Angebote auf SLX auch in englischer Sprache zu verfassen.

Die Webseite bietet ebenso die Möglichkeit Auktionen einzustellen oder Land zu handeln. Manche Parzelle hat hier schon erfolgreich seinen Besitzer gewechselt.

Des Weiteren gibt es ein gut besuchtes Forum in englischer Sprache, in welchem nicht nur plattformspezifische Themen besprochen werden.

*Internationaler Marktplatz für Second Life:* ***SLEXCHANGE***[1].

## Agenturen – alles aus einer Hand

Wer sich nicht scheut Kapital zu investieren und Wert auf Professionalität legt, ist mit einer der zahlreichen Agenturen gut beraten, die ihre Dienste für Second Life-Projekte anbieten.

Oftmals werden der Ankauf von Land, das Erstellen einer Präsenz und das Marketing samt Konzept im Paket angeboten.
Nicht jeder, der eine hübsche Webseite zum Thema anbietet, ist dazu auch tatsächlich befähigt. Schauen Sie sich in jedem Fall Referenzen an. Hilfreich können auch Erfahrungen als Marketingagentur im RL sein.

Ihr Vorteil ist, dass sie schnell und unkompliziert zu einem Auftritt kommen, ohne sich zwingend detailliert mit der Materie auseinandersetzen zu müssen. Über integrierte Werbenetzwerke lassen sich zudem der Bekanntheitsgrad und das Besucheraufkommen steigern. Ein Anschluss an deutschsprachige Regionen hat den Vorteil, dass Sie Ihre Zielgruppe besser erreichen werden. Wenn Sie sich entscheiden, eine Agentur zu beauftragen, dann achten Sie auch auf eine entsprechende Nachbetreuung Ihres Projektes und dass ein Ansprechpartner InWorld vor Ort ist.

Linden Lab stellt auf den Webseiten **http://tinyurl.com/5evts5** einige Full Service Dienstleister vor, die man in Erwägung ziehen sollte. Aber nicht alle Anbieter tragen sich dort ein.

Als Erschaffer des virtuellen Frankfurts hat sich die Agentur *dreidmedia*[1] einen guten Namen gemacht. Mit einer offiziellen *Welcome Area* bietet sie zudem Newbies auf dem Gelände von *Hitradio FFH* die Möglichkeit, sich in SL zu orientieren. Ein vielschichtiges Partnernetzwerk ermöglicht auch Kampagnen im Real Life.

Die Agentur *Virtual Arts & Magic*[1] ist aus den Betreibern des Apfellandes entstanden. Eine beeindruckende Referenzliste zeigt die Erfahrung, die das Unternehmen im Web 3D aufweisen kann. Kunden profitieren zudem von gewachsenen Strukturen, wenn sie sich auf einer der Apfelland-SIMs niederlassen. Eine bestehende Nutzergemeinschaft sorgt für den entsprechenden Besucherstrom. Die Infrastruktur ist in allen Regionen gut organisiert.
Die Presse bezeichnete das Apfelland bereits als „Deutschland in Second Life“.

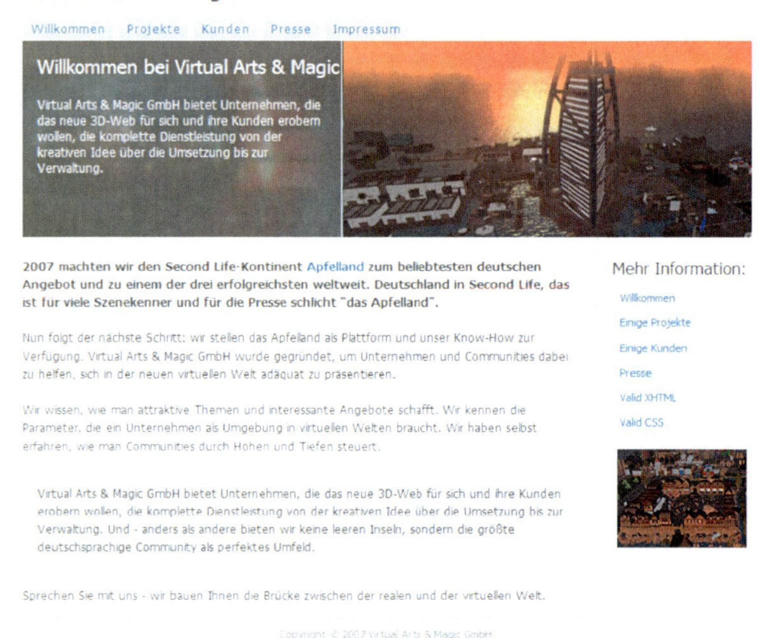


*Alles aus einer Hand:* ***www.virtual-arts-and-magic.de***

## Maßnahmen zum Erfolg

Wenn Sie nicht nur kurzfristig Aufmerksamkeit erregen wollen, sondern an einer langfristigen Beziehung zu Kunden interessiert sind, müssen Sie verschiedene Faktoren berücksichtigen. Neben klassischen Marketingaspekten, gilt es vor allem, die plattformspezifischen Eigenheiten zu erfassen.

In einer von mir Anfang 2008 beendeten Umfrage haben über 160 Second Life-Nutzer verwertbare Angaben gemacht.
57% der Befragten hatten einen normalen Basic-Account, 25% einen Basic mit hinterlegten Zahlungsinformationen und 18% einen Premium-Account.
Bei der Befragung ging es um verschiedene Belange der Second Life-Gewohnheiten und Bedürfnisse. Einige wichtige Erkenntnisse, die sich hieraus ergeben haben, will ich nun darstellen.

Zum Hintergrund:
Zwei Drittel der Befragten waren männlich und die überragende Mehrheit tritt auch in SL unter ihrem realen Geschlecht auf.
84% waren über 26 Jahre alt und noch mehr hatten die Schule mindestens mit der Mittleren Reife abgeschlossen.

Bei der Frage, was in SL am meisten nervt, gaben etwa 60% „Spam im Gruppen-IM" an, fast genauso viele störte „Spam in Gruppen-Nachrichten" und „unaufgefordert erhaltene Landmarks/Notecards". Zum Vergleich: Werbeplakate störten nur 13%, Werbung durch andere Avatare 26%.

Wer mehreren Gruppen in SL angehört, kann die Problematik leicht nachvollziehen. Gleich nach dem Einloggen erhält man alle Gruppennachrichten seit der letzten Session auf einmal am Monitor eingeblendet. Häufig werden diese dann nur weggeklickt. Auch IMs in Gruppen-Channels werden kaum beachtet.

Oft lauten Meldungen dort schlicht „... Land zu vermieten auf ...“ oder „... neuer Shop, jetzt besuchen ...“.
Dabei sind Nachrichten, die man an eine eigene Gruppe versendet, ein wichtiges Instrument, um auf Aktivitäten oder Neuigkeiten aufmerksam zu machen. Um so wichtiger, mit den Aussendungsintervallen moderat umzugehen und den Empfängern mit jeder Mitteilung einen Mehrwert zu bieten.

Beinahe jeder Shop-Besitzer empfängt mangels Personal seine Besucher mit einem *Greeter*. Dies ist ein geskriptetes Objekt, das den Kunden nicht nur namentlich begrüßen kann, sondern oftmals auch noch automatisch die LM des Shops und eine Notecard mit mehr oder weniger wichtigen Infos ausgibt. Wenn man gegenüber stellt, dass die Mehrheit diesen „Service“ ablehnt, hat man die potentielle Kundschaft bereits am Eingang vergrault. Vergleichbar ist dies mit den PopUps auf Webseiten. Nicht umsonst sind die meisten Internet-Surfer mit PopUp-Blocker unterwegs.

Für wenige Euro kann man sich hingegen Werbeflächen an hochfrequentierten Orten mieten oder in einem der Arbeitsämter eine Stelle als Promoter ausschreiben. Ein freundlicher und unaufdringlicher Avatar, der mit Bauchladen oder Plakaten durch die Gegend zieht und auf Nachfrage Notecards ausgibt, ist effektiver, als massenweise ausgegebene Infos, die keiner liest.
Einfallsreicher als Plakate, wäre natürlich ein auffälliger, stylischer Hut, der per Klick die gewünschten Infos und vielleicht noch ein Geschenk ausgibt. Oder er gibt wiederum einen Hut aus, den der neue Besitzer samt Werbung trägt, bis sich alle fragen, was es mit den vielen Hutträgern wohl auf sich hat ...

Avatare als Promoter scheinen besonders interessant zu sein, wenn Sie für Produkte oder Events werben, für die sie sich selbst begeistern können. Ein alteingesessener Avatar kann schon eine Menge Leute rekrutieren, die bei entsprechendem Mehrwert wiederum zu neuen Kontakten führen.

*Arbeitgeber und Arbeitnehmer können Inserate am Arbeitsamt aufgeben. Hier die Arbeitsvermittlung des DiD auf der SIM **Frankfurt City**.*

## Wiederkehrende Events

Ein Geschäftsauftritt kann noch so schön gestaltet sein und konkurrenzlose Produkte anbieten und trotzdem menschenleer sein. Der Grund liegt häufig an mangelnder Attraktivität für die Community. Auf einer Webseite mag ein exklusives Angebot reichen, man surft dort schließlich allein. In virtuellen Welten begegnet man aber anderen Besuchern, tritt in Interaktion mit Ihnen, verabredet sich mit Freunden und will etwas erleben.
Natürlich könnten auch im RL alle Produkte über einen Versandhauskatalog oder über das WWW bestellt werden. Der Erlebniswert bei einem Einkaufsbummel in der Fußgängerzone ist aber größer. Die gleichen Möglichkeiten bietet das dreidimensionale Web. Werden die vorhandenen Möglichkeiten nicht genutzt, wirkt eine Präsenz schnell langweilig. Erlebbare Attraktionen müssen her. Ein gemeinschaftlich erlebbares Ereignis könnte bei einem Geschäft für Kleidung eine Modenschau sein. Im Vorfeld ließe sich ein Modellwettbewerb veranstalten, bei dem die Mannequins gewählt werden. Wer Autos vertreibt könnte eine Ralley organisieren. Auch ein Quiz, Geschicklichkeitsspiel oder eine Mottoparty sind geeignet, um Avatare ins Geschäft zu locken und sich spielerisch mit den Angeboten auseinander setzen zu lassen. Ungeachtet dessen, ob es sich dabei um RL- oder SL-Produkte handelt. Ebenfalls kann ein Ideenwettbewerb für Einzelpersonen oder kleine Teams interessant sein, um ein Logo, Motto oder Produkt für ein Geschäft zu finden.

Wichtig ist immer,
- dass die Besucher mit einbezogen werden,
- eine Wertschätzung erfahren,
- Spaß an der Erlebbarkeit der Produkte finden
- und sich die Aspekte wiederholen.

Wöchentlich oder zumindest monatlich sollte ein Event stattfinden, um aus Besuchern Kunden zu machen und diese zu binden.

Wiederkehrende Termine, beispielsweise der erste Samstag im Monat, erhöhen den Wiedererkennungswert.
Auf der Second Life Webseite können Events bekanntgegeben und kategorisiert werden. Ein entsprechender Vorlauf ist dabei wichtig. Alle Veranstaltungen sollten natürlich moderiert werden. Wer dies nicht selbst tun will, kann hierfür einen DJ engagieren.

Im Idealfall organisiert die Community, die sich um Sie bildet, selbst einmal die Unternehmungen. Stellen Sie einer Vertrauensperson ein kleines Budget zur Verfügung und lassen Sie sich überraschen, was die Gemeinschaft für Inhalte erstellt.
Auch bestehenden Gruppen könnten Sie zu bestimmten Anlässen Ihre Location zu einer Aktion oder einem Treffen überlassen.

Möchten Sie Bücher vertreiben, laden Sie einen Lesezirkel oder Autor ein. Vertreiben Sie Sportartikel, dann bieten Sie Fußball- oder Eishockeyteams aus SL Trainingsmöglichkeiten an. Reiseveranstalter könnten Erlebnisberichte, Diashows oder Videos eines Reisenden veröffentlichen. Veranstaltungskaufleute können in Second Life ihre Dienste kostenlos anbieten und partizipieren davon im Real Life.

Voraussetzung ist immer, dass man so viele Leute wie nur möglich erreicht, die dann als Multiplikatoren zusätzliche Menschen mobilisieren.

Ein wirkungsvolles Instrument in diesem Zusammenhang ist das Sponsoring.

## Werbung in SL-Presse und Sponsoring

Um auf Ihre Produkte und Aktionen aufmerksam zu machen, müssen Sie natürlich alle Werbemöglichkeiten nutzen.

Es gibt viele Initiatoren in SL, die eine gute Idee haben, sich aber nicht selbst finanzieren können oder wollen. Jetzt kommen Sie ins Spiel. Sponsern Sie Aktivitäten einer Gruppe mit gemeinnützigem oder populärem Hintergrund. Vorteilhaft, aber nicht unbedingt notwendig, ist eine Affinität zu Ihrem Geschäft.

Das Sponsoring muss sich nicht auf das zur Verfügung stellen von Landbesitz beschränken. Zu Sportereignissen können Sie, wie im RL auch, Bandenwerbung buchen. Allerdings wesentlich günstiger. Künstler und Theaterensembles nehmen auch dankend Geld- und Sachspenden an und werden sicherlich gern ihren Gönner auf einem Plakat nennen.

Um eine große Masse zu erreichen, sollten Sie auch unbedingt das Schalten von Anzeigen in den SL-Medien in Erwägung ziehen. Im Laufe der Zeit haben sich einige kostenlose Magazine, meist im PDF-Format, als beständig und seriös erwiesen.

Das bekannteste ist wohl *The Avastar*[1]. Die Publikation von Bild.T-Online.de erscheint sowohl in deutscher als auch in englischer Sprache. Das, seit 2006 erscheinende Magazin, hat seine Pläne, eine kostenpflichtige Ausgabe heraus zu bringen zurückgestellt und bietet neuerdings statt PDF-Magazin ein Online-Portal.

Eine von SL-Residents herausgegebene Zeitschrift ist die *TOUCH*[1]. Monatlich berichtet sie über Neuigkeiten aus SL, aber auch über die Sorgen und Nöte der Bewohner. Ich selbst schreibe dort auch Artikel, wenn es die Zeit zulässt. Eine ganzseitige Anzeige kostet knapp 5.000 L$.

Der Vorteil gegenüber RL-Medien ist, dass die Zielgruppe bereits eingegrenzt ist. Die Leserschaft besitzt für gewöhnlich schon einen SL-Zugang. Bei Interessenten aus der Leserschaft einer RL-Publikation, wird sich kaum jemand für die virtuelle Welt anmelden, nur weil die Werbung für ein SL-Produkt gefällt.

Eine Ausnahme bildet das Second Life Magazin *SLM*.
Die im Runway Verlag erscheinende Zeitschrift kommt als Printmagazin in den deutschsprachigen Zeitschriftenhandel und richtet sich überwiegend an SL-Bewohner.

Genauso wie das News-Portal auf **http://tinyurl.com/5yg3r4**[1].
Täglich erscheinen hier neue Nachrichten aus der virtuellen Welt. Für viele Residents gehört die Seite bereits zur Pflichtlektüre. Freie Autoren versorgen die Webseite mit aktuellen Infos.

Nicht außer Acht lassen sollte man auch die Radiosender, die sich Second Life gewidmet haben und die auf vielen Landparzellen die Hintergrundmusik stellen. Mit *Life4you* gibt es InWorld auch einen Fernsehsender.

Fragen Sie gezielt nach Angeboten für Ihre Kampagne und schauen Sie sich immer das Umfeld an, in dem Sie werben. Reagiert man nicht auf Ihre Anfragen oder äußert sich ein möglicher Kooperationspartner abfällig über Mitbewerber, dann suchen Sie sich einen professionelleren Anbieter.

Kalkulieren Sie Ihr Werbebudget genau und messen Sie den Erfolg einer Maßnahme anhand eines *Visitor Counters*, den Sie InWorld oder über SLX beziehen können. Auch eine Befragung der Besucher, wie sie auf Ihr Angebot aufmerksam geworden sind, ist denkbar.

*TOUCH: Kostenloser Download auf **www.touch-magazin.de**[1]*

## *Zukunftschancen des Web 3D*

*Dass* das dreidimensionale Web das Internet revolutionieren wird, darüber sind sich verschiedenste Experten einig. Die Fragen, die sich stellen, beginnen mit *wie*, *wann* und *wer*.

Schon jetzt ist es möglich Konferenzen virtuell abzuhalten. Auch wenn Kontinente die Teilnehmer trennen, fühlt man sich im fiktiven Meeting anwesend, womit es real wird. Schneller und plastischer, als bei einer Videotelefonie-Konferenz, lassen sich Dokumente und Fotos austauschen, Projekte vorstellen und gemeinsam bearbeiten. Bereits durchgeführte Schulungen und Seminare zeigen, dass auch ein virtuelles Klassenzimmer praktikabel ist.

Das produzierende Gewerbe hat große Chancen, künftig ohne Zwischenhändler seine Produkte abzusetzen. Anders als auf einer isolierten Webseite, können Branchen Tür an Tür ihre Waren anbieten und profitieren wie im RL von einem Synergieeffekt.

Sobald die Avatare erst einmal in der eigenen Konfektionsgröße auftreten, haben auch Bekleidungsgeschäfte in virtuellen Welten Hochkonjunktur. Ließe sich damit doch schon vorher am Avatar sehen, ob das RL-Kleidungsstück passt. Erste Versuche dieser Art wurden bereits vom Sportschuhhersteller *Reebok* erfolgreich unternommen. Ein webbasiertes Modell dieser Art existiert auch von *My Virtual Model* (www.mvm.com). Am anpassbaren Avatar lassen sich dort Kleidungsstücke von *H&M*, *Levi's* und anderen Herstellern anprobieren und bestellen. Schnittstellen zu Facebook oder MySpace machen ihn portable.

Unter der Bezeichnung „Simulation von Maßbekleidung und Konfektion online zur Passformkontrolle“ (SiMaKon) wird ein noch weitergehendes Forschungsprojekt an deutschen Hochschulen bearbeitet.

Wie man die Chancen nutzt, um Mitarbeiter zu rekrutieren, zeigt IBM auf seiner eindrucksvollen Präsenz in SL. Auf der SIM *IBM Boeblingen Lab*, auf der mit *Q110* auch die *Deutsche Bank* ansässig ist, befindet sich das *Germany Recruitment Center*. Hier können Vorgespräche mit Bewerbern geführt werden, die einen besonders technologie-affinen Hintergrund besitzen.
Eine Job-Messe für die Benelux-Staaten veranstaltete *Working Worlds* bereits mehrfach erfolgreich, auf der SIM *Luxembourg Business*. In 2007 bewarben sich über 2.000 Interessenten aus 45 Ländern.

Für Visualisierungs- und Simulationsprozesse finden Tests meist unter Ausschluss der Öffentlichkeit statt. Verständlich, lassen sich doch recht einfach Prototypen darstellen, die nicht für die Augen der Mitbewerber gedacht sind. Die Anwendungsmöglichkeiten sind vielfältig.

Wann der große Durchbruch des Web 3D kommt, hängt von verschiedenen Faktoren ab und lässt sich nicht auf Jahr und Monat datieren. Viel hängt von der Benutzerfreundlichkeit des Zugangs ab. Ein Betreten der virtuellen Welt über den Webbrowser, ohne extra Zugangssoftware, würde eine Barriere entfernen. Experimente hierzu gibt es u.a. auf **http://www.ajaxlife.net**.

Ebenfalls würden gemeinsame Standards, mit denen sich verschiedene Welten vernetzen ließen, die Attraktivität erhöhen.
Ausschlaggebend dürfte jedoch sein, wann Drittanbieter auf eigenen Servern SIMs hosten, anbieten und entwickeln dürfen. Die Stabilität und Zuverlässigkeit der Serversoftware als Open Source kann sich nur verbessern.

Erst auf den nächsten Boom zu warten, um auf einen „fahrenden Zug aufzuspringen“, wenn die Presse zyklisch die nächsten Erfolgsgeschichten bringt, ist aus unternehmerischer Sicht falsch.
Schon jetzt schießen virtuelle Welten wie Pilze aus dem Boden.

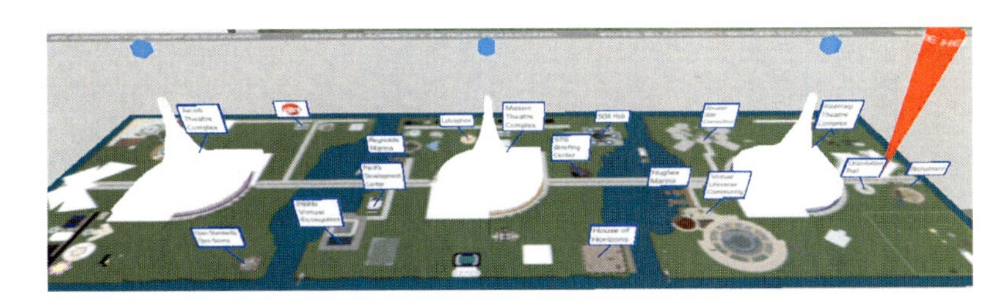

*Die IBM-SIMs haben einiges zu bieten.*

Insbesondere für Kinder und Jugendliche wird die Zahl an 3D-Angeboten mit Spiel- oder Community-Charakter immer größer. *Habbo Hotel*, *Club Penguin* und *Barbie Girls* sind nur einige Plätze, wo sich Millionen Heranwachsende tummeln und den Umgang mit virtuellen Gemeinschaften spielerisch lernen.
*Active Worlds*, *There* und *Entropia Universe* bieten Erwachsenen seit Jahren ebenfalls ähnliche Anreize wie Second Life, waren in ihren Möglichkeiten allerdings bisher zu eingeschränkt.

Doch während man in Europa darüber diskutiert, ob virtuelle Welten eine wegweisende Zukunft haben, baut Peking bereits auf einer Fläche von einhundert Quadratkilometern die Infrastruktur für eine weitere virtuelle Business-Welt. Neben *Hipihi* scheint hier die einzig ernst zu nehmende Konkurrenz zu entstehen. Entwickelt wird die neue Welt von *MindArk*, der Betreiberfirma Entropias, die darin zwar auch schon auf eine reale Ökonomie setzte, jedoch im schöpferischen Potential weit hinter Second Life liegt und sich eher an den klassischen Spielewelten messen lassen muss. Man wird abwarten müssen, inwieweit Pekings Welt an Entropia gekoppelt sein wird.

Wer das Rennen um die User gewinnt, ist noch lange nicht entschieden, aber offene Standards könnten langfristig die Grenzen verwischen. Viele Nischenprodukte werden auch dann noch ihre Akzeptanz finden, aber homogenere Gruppen ansprechen.
Wer auf jeden Fall auf der Gewinnerseite stehen wird, sind Sie! Als Leser dieses Buches setzen Sie sich aktiv mit den Chancen, die Second Life bietet, auseinander und haben einen Wissensvorsprung gegenüber denen, die lieber abwarten. Probieren Sie sich und die Plattform aus, nutzen Sie die genannten Informationskanäle, um frühzeitig über künftige Entwicklungen informiert zu werden und riskieren Sie es, Trendsetter zu sein, was auch immer Sie in Second Life vorhaben.

Einen guten Überblick, über verschiedene Plattformen und deren Nutzung, zeigt die Karte von **http://www.fredcavazza.net**. Durch die große Dynamik, der virtuellen Landschaften, verschiebt sich naturgemäß die Zuordnung von Zeit zu Zeit.

## Interview mit Jean Miller aka Jean Linden

Spekulieren über die Zukunft Second Lifes kann man viel. Interessant zu wissen ist deshalb, was die Betreiberfirma selbst über die mögliche Entwicklung denkt. Ich konnte hierzu Jean Miller (*Head of German Market Development* bei Linden Lab), InWorld unter dem Namen Jean Linden bekannt, für das nachfolgende Interview gewinnen. Lesen Sie selbst, was Sie erwarten können.

*Jean Miller (aka Jean Linden) kümmert sich um die Entwicklung der deutschen Community. Im Mai 2008 war sie erfolgreich auf Deutschlandtournee.*

Im Mai 2008 wurde die Stelle des CEOs neu besetzt, ein Jahr zuvor wechselte bereits der CTO. Viele fragen sich, ob dies Vorkehrungen für einen Börsengang sind. Ist damit für 2008 zu rechnen und wenn nicht, warum nutzt Linden Lab nicht diese Chance, um sich mehr Kapital zu besorgen?

*Wir haben weder Interesse, noch sehen wir die Notwendigkeit, an die Börse zu gehen – im Gegenteil: wir sind ein profitables Unternehmen, das monatlich um fünf bis zehn Prozent wächst. Daher ist ein Börsengang zur Zeit kein Thema für uns.*

"HTML on a Prim" wurde bereits rudimentär umgesetzt. Welche Verbesserungen sind hier künftig zu erwarten? Wird es auch möglich sein, parzellenunabhängig und ohne in Besitz der Landrechte zu sein, Webcontent darzustellen?

*Wir werden auf jeden Fall die Möglichkeit, HTML in Second Life einzubinden, weiter ausbauen und verbessern. Wenn Dritte ihr Land oder ihre Fläche für andere Inhalte öffnen möchten, können sie dies problemlos tun.*

Wann ist damit zu rechnen, dass die Server für Drittanbieter geöffnet werden und wie wird Linden Lab sich absichern, dass die Landpreise nicht ins Bodenlose fallen?

*Es ist immer schwierig, einen genauen Zeitplan über ein Projekt zu geben. Dennoch haben wir als ersten Schritt damit begonnen, Server auch außerhalb der USA und bei Drittanbietern zu testen. Wir haben lange überlegt, wie dies funktionieren wird und wir geben unser Bestes, um sicherzustellen, dass die Landpreise gerecht und wettbewerbsfähig sind.*

LL hat in der Vergangenheit sehr viel an der Stabilität der Client-Software gearbeitet. Die Darstellung erfordert aber noch immer hohe Ansprüche an die Hardware des Nutzers. Ist es geplant ein SL-Light anzubieten oder eine mobile Version?

*Es gibt ja bereits Anbieter, die Second Life auf dem Handy anbieten, allerdings in eingeschränkter Form. Die Problematik, dass Second Life hohe Anforderungen an die Rechner der Nutzer stellt, wird sich in absehbarer Zeit von selbst lösen: Viele Computernutzer verfügen derzeit noch über alte Computer. Diese werden sie jedoch nach und nach ersetzen. Die neuen Rechner werden dann auch die Hardwareanforderungen des Second Life-Clients erfüllen. Dennoch ist es für uns natürlich immer noch ein zentrales Anliegen, unser System noch stabiler zu machen. Mit Havok 4 ist uns dies gelungen.*

Es gibt erste Versuche seitens LLs eine Altersüberprüfung durchzuführen. Wann wird diese für jeden Nutzer bindend sein und wie verhält es sich zur deutschen Gesetzeslage?

*Wir arbeiten stetig daran, ein funktionierendes Altersverifizierungssystem einzuführen. Bereits seit einiger Zeit bieten wir die Möglichkeit der freiwilligen Altersverifizierung an. Vor allem Residents, die Inhalte anbieten, die erst ab 18 Jahren geeignet sind, können so auf einfache Art und Weise sicherstellen, dass sich auf ihrem Gelände keine Minderjährigen aufhalten. Darüber hinaus prüfen wir selbstverständlich auch verschiedene Anbieter zur Verifizierung des Alters von Neuanmeldungen.*

In der jüngsten Vergangenheit wurde SL durch die Presse oft falsch und negativ in Szene gesetzt. Was ist geplant, um das Image wieder aufzupolieren?

*Es ist richtig: In der Vergangenheit gab es eine negative Stimmung in den Medien über Second Life. Wir durchlebten damit einen Teil des Hype-Cycles von Gartner[2], in dem zunächst ein Produkt oder Thema überdurchschnittlich positiv dargestellt wird, um danach mehrheitlich negativ beschrieben zu werden. Es folgt anschließend eine Phase der Konsolidierung, bevor sich in der Presse die nüchternen und tatsächlichen Vorzüge eines Produktes durchsetzen und es zu einem realistischen Presseecho kommt. Wir befinden uns derzeit in der Phase der Konsolidierung und wir beobachten, dass sich die Journalisten mittlerweile sachlich mit Second Life auseinandersetzen und auch so darüber berichten. Dennoch sind es gerade die Themen wie Bildung, Kollaboration, Recruitment oder auch Kunst und Kultur, die derzeit das Bild von Second Life in der Presse prägen.*

Einige Firmen, die sich in SL präsentiert haben, ziehen sich wieder zurück. Was haben sie falsch gemacht?

*Ich denke, viele Firmen wollten vor allem in der ersten Hälfte 2007 den Anschluss nicht verlieren und haben sich deshalb in das Abenteuer Second Life gestürzt. Zum Teil wurden die Erwartungen an die virtuelle Welt nicht erfüllt, zum Teil hatten die Unternehmen auch einfach ein unausgereiftes Konzept, das nicht auf Second Life zugeschnitten war. Eine virtuelle Welt ist nicht das reale Leben. Jeder, der sich in Second Life oder anderen Welten engagieren möchte, muss sich bewusst und willens sein, neue Wege zu beschreiten und ungewöhnliche Ideen umzusetzen, um erfolgreich zu sein.*
*Dennoch würde ich nicht sagen, dass diese Unternehmen, die sich nun wieder aus Second Life zurückgezogen haben, nichts gelernt hätten. Im Gegenteil: Sie besitzen bereits einen wertvollen Wissensvorsprung gegenüber den anderen Unternehmen, die sich bisher noch nicht mit virtuellen Welten beschäftigt haben. Denn eines ist klar – virtuelle Welten werden in einigen Jahren das sein, was das Internet heute bereits ist, nämlich ein Raum, in dem*

*sich fast jeder Mensch wie selbstverständlich bewegt, einkauft, Informationen sammelt und Kontakt mit Freunden und Bekannten hält.*

Wie beurteilt LL die potentielle Konkurrenz durch Google oder Microsoft, die mit Virtual-Map-Projekten auch virtuelle Konferenzräume u.ä. anbieten könnten?

*Generell sind wir immer daran interessiert, Mitbewerber zu haben, denn das belebt das Geschäft. Wir können viel von anderen virtuellen Welten lernen, genau so, wie diese es von uns getan haben! Und der Trend wird sich vermutlich auch dahin entwikkeln, dass sich verschiedene Anbieter eigene Nischen schaffen. Es ist durchaus möglich, dass sich Einzelne nur auf Reisen konzentrieren, andere wiederum eine reine Kommunikationsplattform entwickeln, und Welten wie Second Life den Nutzern sämtliche Möglichkeiten bieten.*

Ist ein Engagement in China geplant oder überlässt man diesen Markt Hipihi & Co?

*Wir haben bereits viele Märkte untersucht und tun dies auch weiterhin. Das schließt natürlich China mit ein. Es gibt Community Gateways, also unabhängige Second Life Entwickler, die bereits den Zugang zu Second Life in chinesischer Sprache ermöglichen. Außerdem haben wir schon die weltbekannte und preisgekrönte chinesische Künstlerin Cao Fei in Second Life entdeckt. Wir öffnen unsere virtuelle Welt so weit es geht, so dass jeder auf der ganzen Welt seine eigenen personalisierten und regional zugeschnittenen Erfahrungen in Second Life zur Verfügung stellen kann.*

Was werden die größten Ereignisse/Änderungen sein, auf die sich Second Life Residents freuen können?

*Wir arbeiten ständig daran, die Plattform weiter zu entwickeln und die Stabilität und Benutzerfreundlichkeit zu verbessern. Wenn man sich die Fortschritte betrachtet, die wir im letzten Jahr gemacht haben, darf man gespannt sein, was noch alles kommen wird. Ich weiß, dass zumindest jeder Linden es kaum erwarten kann, diese Fortschritte mitzuerleben!*

Wo steht SL und LL Ihrer Meinung nach in fünf Jahren?

*Second Life ist der nächste logische evolutionäre Schritt des Internets. Nur vollzieht sich diese Weiterentwicklung jetzt in die dritte Dimension. Das Potenzial einer solchen dreidimensionalen Umgebung für Interaktion, Bildung, E-Commerce und normale Unterhaltung ist wesentlich größer, als in der heutigen zweidimensionalen Welt des Internets. Der Aufenthalt in einer virtuellen Welt wird daher in einigen Jahren so normal sein, wie wir heute Handys und E-Mails nutzen. Second Life trägt dazu bei, diese Entwicklung voranzutreiben.*

[2]"Der Hype-Zyklus [Hype-Cycle (Anmerkung L.R.)] stellt dar, welche Phasen der öffentlichen Aufmerksamkeit eine neue Technologie bei deren Einführung durchläuft. Der Begriff des Hype-Zyklus wurde von der Gartner-Beraterin Jackie Fenn geprägt (The Microsoft System Software Hype Cycle Strikes Again, Jackie Fenn, 1995) und dient heute Technologieberatern zur Bewertung in der Einführung neuer Technologien."
**(Quelle: Wikipedia, Die freie Enzyklopädie/de.wikipedia.org 2008; Seitentitel: Hype-Zyklus)**

*Alle Mitarbeiter der Betreiberfirma tragen den Nachnamen Linden. Für die deutschsprachige Community hat Lotte Linden eine Sprechstunde auf der SIM* ***Ambleside*** *eingerichtet.*

## *Ein Geschenk für jeden Leser*

Ich habe überlegt, wie ich mich bei Ihnen für die Lektüre dieses Buches bedanken und Ihnen gleichzeitig den Start ins zweite Leben erleichtern kann. Als ich meine ersten Erfahrungen in SL sammelte, vermisste ich zunächst zwei Dinge. Animationen, um mit anderen Avataren zu interagieren und Texturen, um selbst ansehnliche Objekte zu erstellen. Eigene Texturen kosten schließlich 10 L$ pro Upload.

So habe ich mich entschlossen, ein Paket zu schnüren, welches beides enthält. Für die meisten Avatare denen ich begegnete, waren Kleidung und Accesoires die begehrtesten Objekte, also sollten diese auch enthalten sein. Bei meinen Recherchen stieß ich via SLX auf verschiedene Business-In-A-Box-Pakete. Die Boxen sind zwischen null und mehreren tausend Linden Dollar erhältlich und enthalten Artikel, die oft mit allen Rechten versehen sind. Sie lassen sich also weitergeben/-verkaufen, kopieren und meist auch verändern. Einige davon sind jedoch nur getarnte Freebies, deren Weiterverkauf nicht zu den guten Sitten gehört. Zum Eigenbedarf stellen allerdings beide Varianten eine ausgezeichnete Alternative für den experimentierfreudigen Newbie dar.

Eine solche Box, welche diverse andere Boxen enthält, die gefüllt sind mit Kleidung, Animationen, Texturen und vielen anderen Artikeln, erhalten Sie mit dem Lösungswort, wenn Sie folgende Fragen richtig beantworten. Jede beantwortete Frage liefert einen Buchstaben in der Klammer dahinter. Aneinander gereiht ergeben sie ein Wort, welches Sie InWorld an einem bestimmten Ort in den Chat tippen müssen (in GROSSBUCHSTABEN). Haben Sie dieses Buch aufmerksam gelesen, sollte Ihnen die Beantwortung nicht schwer fallen (Aktion läuft mind. bis Ende 2008).
Über diesen Link erhalten Sie die SLurl zu dem Ort:
**http://tinyurl.com/4qgx64**.
Viel Spaß beim Lösen der Fragen und mit Ihrem Geschenk!

*Reichlich Geschenke in Form von Freebies gibt es auch auf der* ***SIM Wien****.*

**Was ist Second Life?**

-MMORPG (S)
-MUVE (D) ×
-Browserspiel (L)
-Börsenspiel (T)

**Die Bewohner von SL nennt man?**

-Linden (E)
-Occupants (I)
-Habitants (O)
-Residents (A)

**Wieviele Tutorials kann man auf Orientation Island durchlaufen?**

-3 (L)
-4 (N) ×
-5 (R)
-6 (P)

**Die Erstellung welchen Produkts wurde hier beschrieben?**

-Eis (K) ×
-Laptop (F)
-Haus (T)
-Auto (P)

**Von welchem Schiff befindet sich eine Abbildung im Buch?**

-MS Titanic (T)
-Arche Noah (A)
-SS Galaxy (E) ×
-Queen Mary (U)

## Schlusswort

Mit dem Wissen, das Sie nun erworben haben und etwas Fantasie sollten Sie in der Lage sein, SL besser zu verstehen und zu nutzen. Nehmen Sie sich Zeit, alle Möglichkeiten auszuloten und Ihre Fähigkeiten InWorld zu verbessern. Wenn Sie Spaß dabei empfinden, sich im Web 3D zu bewegen, dann lassen Sie Ihrer Kreativität freien Lauf. Mit jeder Ihrer Aktivitäten verändern Sie die virtuelle Welt ein wenig.

Ob privat oder geschäftlich, suchen Sie ein Umfeld, das zu Ihnen passt. Existiert dies noch nicht, erschaffen Sie eins. Die erfolgreichsten Leute, die ich in SL getroffen habe, waren meist auch die kreativsten Avatare.

Nach den USA bietet der deutsche und britische Markt, vor dem französischen und japanischen, nach Nutzerzahlen weiterhin die interessantesten Möglichkeiten. SL wächst nach wie vor kontinuierlich, selbst wenn einige Medien etwas anderes berichteten.
Jeder kann sich die aktuellen Zahlen auf der Webseite **http://secondlife.com/whatis/marketplace.php** anschauen.

Ich bin überzeugt, dass sich jegliche Investition in Second Life später bezahlt macht, wenn Ziele klar definiert und innovativ umgesetzt werden. Verschiedene Wege der Informationsbeschaffung, Kooperation und Umsetzung habe ich Ihnen dargestellt. Ich hoffe damit weiter geholfen zu haben und bin neugierig darauf, welche Wege Sie beschreiten werden. Wenn Sie etwas Spektakuläres geschaffen haben, dann lassen Sie es mich ruhig wissen, aber auch die kleinen Erfolge interessieren mich.

Wenn die Vision eines dreidimensionalen Internets für die breite Masse Wirklichkeit geworden ist und verschiedene Medien miteinander verschmolzen sind, blickt man vielleicht auf einen Pionier wie Sie zurück und Ihre Bemühungen werden anerkannt.

Ich wünsche Ihnen in jedem Fall viel Erfolg!

Wie bereits im Vorwort erwähnt, sind einige im Buch genannte Web-Adressen über TinyURL umgewandelt. Dies hat nicht nur den Grund, dass sich dadurch die Zeichenanzahl verringern lässt. Während ich diesen Ratgeber schrieb, hat die Betreiberfirma Second Lifes zum Teil gravierende Änderungen in ihren Markenschutz-Richtlinien bekanntgegeben. Dies betrifft auch die Verwendung von Marken in Domainnamen. Hierdurch könnten kurzfristig Domaininhaber gezwungen sein, auf eine andere Adresse auszuweichen. Damit die hier genannten Links auch künftig ihre Gültigkeit haben, wurden diese deshalb über eine Weiterleitung formuliert, die Sie ggf. automatisch zur aktuellen Webseite weiterleitet.

Wer Freude am Lesen hatte und sich weiter mit dem Web 3D auseinandersetzen will, dem empfehle ich die Bücher im folgenden Abschnitt.

## Literaturtipps

**Snow Crash** von Neal Stephenson
*Science-Fiction-Roman von 1992, der den Begriff Metaversum prägte und als Inspiration für virtuelle Welten, wie Second Life, gilt.* ISBN: 978-3442453023

**Second Life - Das Buch zum zweiten Leben** von Olivia Adler und Oliver Gassner
*Tipps und Tricks für die virtuelle Welt.* ISBN: 978-3897217256

**Mit dem Bus durch Second Life. Die Welt der unbegrenzten Möglichkeiten** von Martin Nusch
*Ein Reiseführer durch Second Life.* ISBN: 978-3596178483

**Auf die Schnelle Second Life: Der schnelle Start ins „zweite Leben"** von Markus Müller
*Die schönsten Orte und Sehenswürdigkeiten.*
ISBN: 978-3815817186

**Second Life: Wie virtuelle Welten unser Leben verändern** von Sven Stillich
*Unterhaltsame Einführung in SL.* ISBN: 978-3548369938

**Second Life: Entdecke alle Möglichkeiten** von Jörg Reichertz
*Fragen und Antworten rund um SL.* ISBN: 978-3908497684

**Second Life. Sofort dabei sein** von Joe Betz
*SL für Einsteiger.* ISBN: 978-3827242747

**Second Life** von Christian Stöcker
*Eine Gebrauchsanweisung für die digitale Wunderwelt*
ISBN: 978-3442129836

*Australien in Second Life.*

# Danksagung

An dieser Stelle möchte ich allen Menschen, sowohl im SL als auch im RL, Dank sagen, die mich bei meiner Arbeit unterstützt haben. Insbesondere waren dies Tin A., die für dieses Buch als Krankenschwester Modell stand, Vicky S., welche immer ein aufmunterndes Wort übrig hatte und TalinaQ für zuverlässige Kooperationen verschiedenster Art.

Im Real Life unterstützten mich besonders Bärbel, KBA, die Naddel und Dainis.

Mein Dank gilt ebenso Taka H., Iulius M., Horatio F., Patrick W., Case S., JayJay R., Gilbert W., Cypher B. und Aimee.

Bei Jean Miller und OCTANE PR möchte mich für das Interview bedanken, bei Fred Cavazza für die Genehmigung zur Verwendung seiner Grafik auf Seite 87.

Vollständigkeitshalber möchte ich erwähnen, dass die Bezeichnungen *Linden, Linden Lab, LindeX, Second Life, Second Life Grid, SL, inSL, SLurl, Teen Second Life,* und *SL Grid* geschützte Marken von **Linden Research, Inc**. sind.

Dieses Buch und der Autor stehen in keinerlei Verbindung zu Linden Research und wurden auch nicht protegiert.